北大版新一代对外汉语教材·综合教程系列

现代汉语虚词讲义

李晓琪 著

图书在版编目(CIP)数据

现代汉语虚词讲义/李晓琪著.—北京:北京大学出版社,2005.3
(北大版新一代对外汉语教材·综合教程系列)
ISBN 978-7-301-08540-0

Ⅰ.现… Ⅱ.李… Ⅲ.汉语—虚词—对外汉语教学—教材 Ⅳ.H195.4

中国版本图书馆 CIP 数据核字(2004)第 141541 号

书　　　名：现代汉语虚词讲义
著作责任者：李晓琪　著
责 任 编 辑：邓晓霞
标 准 书 号：ISBN 978-7-301-08540-0/H·1394
出 版 发 行：北京大学出版社
地　　　址：北京市海淀区成府路 205 号　100871
网　　　址：http://www.pup.cn
电 子 信 箱：zpup@pup.pku.edu.cn
电　　　话：邮购部 62752015　发行部 62750672　出版部 62754962　编辑部 62752028
印 刷 者：河北滦县鑫华书刊印刷厂
经 销 者：新华书店
　　　　　787 毫米×1092 毫米　16 开本　17.25 印张　380 千字
　　　　　2005 年 3 月第 1 版　2019 年 6 月第 7 次印刷
定　　　价：45.00 元

未经许可，不得以任何方式复制或抄袭本书之部分或全部内容。
版权所有，侵权必究
举报电话：010-62752024　电子信箱：fd@pup.pku.edu.cn

目　录

序 ………………………………………………………………… 林焘(1)	
前　言 ………………………………………………………………… (1)	

第一单元　副词 ………………………………………………… (1)

副词概述 ………………………………………………………… (1)
　　1.0.1 副词的分类 ……………………………………………… (1)
　　1.0.2 副词的基本特点和语法功能 ……………………………… (4)
　　练习一 …………………………………………………………… (6)

第一节　时间副词 ……………………………………………… (8)
　　1.1.1 才　就 …………………………………………………… (8)
　　1.1.2 已经　曾经 ……………………………………………… (10)
　　1.1.3 马上　立刻　顿时 ……………………………………… (12)
　　1.1.4 正　在　正在 …………………………………………… (14)
　　练习二 …………………………………………………………… (16)

第二节　范围副词 ……………………………………………… (18)
　　1.2.1 都 ………………………………………………………… (18)
　　1.2.2 到处　处处 ……………………………………………… (21)
　　1.2.3 一概　一律　统统 ……………………………………… (21)
　　练习三 …………………………………………………………… (23)

第三节　程度副词 ……………………………………………… (26)
　　1.3.1 很　挺　怪　太　非常　相当 ………………………… (26)
　　1.3.2 极　极其　最　顶 ……………………………………… (27)
　　1.3.3 比较　更　更加　格外 ………………………………… (28)
　　1.3.4 稍　稍微　略微 ………………………………………… (31)

练习四 ··· (32)

　第四节　频率副词 ·· (34)
　　1.4.1 还　再 ·· (34)
　　1.4.2 再　又 ·· (36)
　　1.4.3 又　也 ·· (38)
　　1.4.4 常常　往往 ·· (40)
　　1.4.5 一再　再三　屡次　来回　反复 ···································· (42)
　　练习五 ··· (43)

　第五节　否定、肯定副词 ··· (46)
　　1.5.1 不　没(有) ··· (46)
　　1.5.2 未必　何必 ··· (49)
　　1.5.3 白　白白 ·· (50)
　　1.5.4 大概　大约　恐怕 ··· (50)
　　练习六 ··· (52)

　第六节　语气副词 ·· (54)
　　1.6.1 可　倒　偏(偏偏) ··· (54)
　　1.6.2 到底　究竟　毕竟 ··· (56)
　　1.6.3 居然　竟然(竟)　果然 ··· (58)
　　1.6.4 幸亏　反正　简直 ··· (59)
　　练习七 ··· (62)

　第七节　方式、情态副词 ··· (64)
　　1.7.1 逐步　逐渐　渐渐 ··· (64)
　　1.7.2 亲自　亲手　亲笔　亲口　亲眼 ································· (65)
　　1.7.3 特地　特意　专程 ··· (66)
　　1.7.4 不禁 ··· (66)
　　练习八 ··· (67)

第二单元　介　词 ·· (69)
　介词概述 ·· (69)
　　2.0.1 介词的作用 ·· (69)
　　2.0.2 介词的基本特点和语法功能 ······································ (71)
　　练习九 ··· (73)

第一节　引出时间、处所、方向的介词 ……………………………… (75)

  2.1.1　从　自　自从 ………………………………………………… (75)

  2.1.2　在　于 ………………………………………………………… (77)

  2.1.3　由　打　当　离　距 ………………………………………… (81)

  2.1.4　朝　向　往 …………………………………………………… (84)

  练习十 ………………………………………………………………… (87)

第二节　引出对象的介词 ……………………………………………… (90)

  2.2.1　跟　和　同　与 ……………………………………………… (90)

  2.2.2　把　将 ………………………………………………………… (91)

  2.2.3　被　叫　让 …………………………………………………… (94)

  2.2.4　对　对于 ……………………………………………………… (97)

  2.2.5　对于　关于 …………………………………………………… (100)

  2.2.6　给　为　替 …………………………………………………… (103)

  2.2.7　比 ……………………………………………………………… (106)

  2.2.8　就　连　除　除了 …………………………………………… (109)

  练习十一 ……………………………………………………………… (111)

第三节　引出依据、原因的介词 ……………………………………… (114)

  2.3.1　按　按照 ……………………………………………………… (114)

  2.3.2　依　依照 ……………………………………………………… (115)

  2.3.3　据　根据 ……………………………………………………… (116)

  2.3.4　按（按照）　依（依照）　照 ………………………………… (118)

  2.3.5　以　凭　拿 …………………………………………………… (121)

  2.3.6　趁 ……………………………………………………………… (122)

  2.3.7　以　为　由　由于 …………………………………………… (123)

  练习十二 ……………………………………………………………… (124)

第三单元　连词 ………………………………………………………… (127)

连词概述 ………………………………………………………………… (127)

  3.0.1　连词列举 ……………………………………………………… (127)

  3.0.2　连词的特点和作用 …………………………………………… (130)

  练习十三 ……………………………………………………………… (132)

第一节　表示并列、选择关系的关联词语 …………………………… (135)

  3.1.1 和　跟　同　与 …………………………………………… (135)
  3.1.2 及　以及 ………………………………………………… (137)
  3.1.3 既　又　也 ……………………………………………… (138)
  3.1.4 一边　一面　一方面 …………………………………… (140)
  3.1.5 或者　还是 ……………………………………………… (141)
  3.1.6 要么 ……………………………………………………… (142)
  3.1.7 与其　宁可 ……………………………………………… (143)
  3.1.8 不是……就是……　不是……而是…… …………… (144)
  练习十四 ……………………………………………………… (145)
 第二节　表示承接、递进关系的关联词语 ……………………… (147)
  3.2.1 于是　那　那么 ………………………………………… (147)
  3.2.2 并且　而且 ……………………………………………… (148)
  3.2.3 不但 ………………………………………………………（149）
  3.2.4 何况　况且 ……………………………………………… (149)
  3.2.5 甚至　以至 ……………………………………………… (151)
  练习十五 ……………………………………………………… (153)
 第三节　表示因果、条件关系的关联词语 ……………………… (155)
  3.3.1 因为　由于 ……………………………………………… (155)
  3.3.2 既然　既 ………………………………………………… (156)
  3.3.3 因此　因而　从而 ……………………………………… (157)
  3.3.4 以致 ……………………………………………………… (158)
  3.3.5 难怪 ……………………………………………………… (159)
  3.3.6 不管　不论　无论 ……………………………………… (159)
  3.3.7 只要　只有 ……………………………………………… (161)
  3.3.8 除非 ……………………………………………………… (163)
  练习十六 ……………………………………………………… (163)
 第四节　表示转折、让步关系的关联词语 ……………………… (165)
  3.4.1 但是　可是　不过　然而 ……………………………… (165)
  3.4.2 却　只是 ………………………………………………… (166)
  3.4.3 虽然　尽管 ……………………………………………… (167)
  3.4.4 即使　就是　哪怕 ……………………………………… (169)
  3.4.5 固然 ……………………………………………………… (170)

3.4.6 尚且 ………………………………………………………(171)
　　练习十七 …………………………………………………………(171)
　第五节　表示假设、目的关系的关联词语 ………………………(173)
　　　3.5.1 如果　要是　假如　假使　假若 ……………………(173)
　　　3.5.2 否则　不然　要不　要不然 …………………………(175)
　　　3.5.3 省得　免得　以免 ……………………………………(176)
　　　3.5.4 以　　以便 ……………………………………………(177)
　　练习十八 …………………………………………………………(178)
　第六节　关联词语在复句中的位置 ………………………………(181)
　　　3.6.1 关联词语在复句中的位置有两点需要注意 …………(181)
　　　3.6.2 只能出现在主语前的关联词语 ………………………(181)
　　　3.6.3 只能出现在主语后的关联词语 ………………………(182)
　　　3.6.4 可以在主语前后自由出现的关联词语 ………………(184)
　　　3.6.5 主语不同时出现在主语前,主语相同时出现
　　　　　 在主语后的关联词语 ……………………………………(184)

第四单元　助词 ……………………………………………………(187)
　助词概述 ……………………………………………………………(187)
　第一节　结构助词 …………………………………………………(189)
　　　4.1.1 的(de) …………………………………………………(189)
　　　4.1.2 地(de) …………………………………………………(192)
　　　4.1.3 得(de) …………………………………………………(195)
　　　4.1.4 所　给 …………………………………………………(197)
　　练习十九 …………………………………………………………(198)
　第二节　动态助词 …………………………………………………(200)
　　　4.2.1 了 ………………………………………………………(200)
　　　4.2.2 着 ………………………………………………………(204)
　　　4.2.3 过 ………………………………………………………(206)
　　　4.2.4 来着　呢 ………………………………………………(208)
　　练习二十 …………………………………………………………(209)
　第三节　语气助词 …………………………………………………(212)
　　　4.3.1 啊　吧　吗　呢　嘛 …………………………………(212)

4.3.2 了 …………………………………………………………… (219)
   4.3.3 罢了 …………………………………………………… (221)
   练习二十一 ………………………………………………… (222)

附录
   1. 课堂练习参考答案 ………………………………………… (225)
   2. 课后练习参考答案 ………………………………………… (245)
  主要参考文献 …………………………………………………… (253)
  后记 ……………………………………………………………… (255)

序

　　汉语是虚词特别丰富的语言,这是由汉语特性决定的。汉语不像英、法、俄等语言那样有形态标志和屈折变化,也不像日语和朝鲜语那样有黏着形式,虚词就成为汉语非常重要的表达手段。汉语的虚词是封闭型的,包括极不常用的不过1,000个左右,掌握汉语几百个常用虚词的意义和用法,可以说是学好汉语的关键。但是,虚词的意义比较"虚",用法也比较复杂,越是常用的虚词,意义越虚,用法越复杂,也就越不容易掌握。中国人初学写文章,也常常出现文理不顺的现象,其中约有一半问题出现在虚词用法不当上。外国朋友学习汉语,虚词更是一个难点,但性质很不相同。中国人的问题主要是口语转化为书面语时虚词使用不当,外国朋友则从学习汉语口语常用虚词起就一直要受母语的干扰。口语中最常用的虚词如"再、又""不、没"的区别以及"了、着、过"的用法,中国人一般不会用错,可这些虚词正是外国朋友学汉语时最不容易掌握的难点。对外汉语教学的老师大约都有过这样的苦恼,越是常用的虚词就越难讲清楚它的意义和用法,有时甚至因为自己讲得不够全面或不够准确,竟误导学生产生新的错误。把常用虚词讲得既全面又准确,就目前来说,似乎是不大可能的,因为有一些常用虚词的意义和用法我们至今还没有研究透彻。即使研究透彻,就对外汉语教学来说,也没有必要讲那么细致,关键在于如何选择重点,掌握好讲解的尺度,这正是今后对外汉语教学应该着重研究的问题。

　　对比分析是研究虚词十分重要的方法,可以是汉外对比,指出两种语言意义和用法相似的虚词之间的异同,更重要的是把汉语意义和用法相似的虚词放在一起对比研究,分析异同,这是归纳出各个虚词特点的十分有效的方法。有一些常用虚词不但和语义、语用的表达密切相关,甚至能够引起语音上的变化,就更需要用对比的方法才能使其间的分别显现出来。对外汉语虚词教学无疑是汉语虚词研究的一个重要方面,留学生对汉语虚词的错误用法经常需要用对比的方法才能解释清楚,从正误的对比中往往能够加深我们对一些汉语虚词的认识。

　　近二十年来,随着汉语语法研究水平的迅速提高,汉语虚词研究也有很大发展,发表了不少很有价值的论文,也出版了几部专著。在已发表的论文中,有一些就是从对外汉语教学角度讨论分析汉语一些常用虚词的意义和用法的，或是从汉外对比入手，或是从汉语本身近义虚词对比入手，都取得相当可喜的成就。但是总结对外汉语虚词教学经验写成专著的似乎还不多，这部《现代汉语虚词讲义》无疑是十分重要的专著。

二十年前北京大学对外汉语教学中心成立时，为了提高中高年级留学生运用汉语虚词的能力，专门开设了选修课"虚词"，由李晓琪同志负责讲授，二十年来基本没有中断，一直很受留学生的欢迎，1997年还获得了"北京大学1993－1997学度教学优秀奖"。晓琪同志并没满足于已取得的成就，不断修改，不断补充，又经过七年，积累了二十年的教学经验，才把讲义交付出版，完成了这部内容十分充实、体例相当新颖的虚词专著。在科学研究风气日趋浮躁的今天，这种不急功近利、只求著作进一步完善的精神是十分难能可贵的。

在汉语几百个常用虚词中应该选择哪些给留学生讲，常用虚词的意义和用法都是头绪纷繁的，又应该选择哪些意义和用法作为重点，这是对外汉语虚词教学成败的关键，必须有长期的教学实践经验才能处理好。这部《现代汉语虚词讲义》做到了删繁就简，突出重点，每个条目的内容不求全，不求深，只求能够解决留学生的实际问题，但又不是仅仅强调实践一方面，而是用第二语言学习理论统摄全局。全书以学生为主体，在编排上尽量调动学生的积极性，一个明显的特点是突出循环练习的重要性，通过练习总结出规律，再回到练习去巩固，最后安排课后练习重复深化，作出讲评进一步提高。多次循环练习是对外汉语教学的很重要的教学手段，关键是每次循环都必须有所深化，有所提高，这是不容易做到的，这部《现代汉语虚词讲义》可以说是已经达到了这样的要求，为今后编写对外汉语其他方面的教材树立了榜样。

进入21世纪以后，对外汉语教学呈现出前所未有的蓬勃发展形势，需要大量的各种形式的教材适应新的形势，尤其需要在学术水平和教学方法上都有新的突破的高水平教材。这部《现代汉语虚词讲义》是否已经达到这样的水平，要由广大的读者来评定，尤其是有丰富教学经验的对外汉语教师和学习汉语的外国朋友来评定，但我想，至少是向高水平的方向迈出了一大步，因此愿意写这篇短序略表自己感想，并希望晓琪百尺竿头更进一步，为提高对外汉语教学和科研水平作出更大的贡献。

林 焘
2004年12月于北京大学燕南园

前　言

　　学习汉语离不开学习虚词。现行的对外汉语虚词教学主要有两种形式,一种是分散式教学,即汉语教材(主要是初级教材)中出现什么虚词就学什么。当然这种学习并不是随意的,哪些虚词要学,哪些不学,哪个先学,哪个后学,都要经过教材编写者的刻意安排;另一种形式是集中式教学,即在中高级阶段把虚词作为汉语语法课的一个组成部分系统地进行教学。两种形式在语言学习的不同阶段有其各自不同的作用,它们互为补充,缺一不可。

　　有无必要把虚词教学从语法教学中离析出来,给它以独立位置,成为留学生汉语学习过程中的一门单独的课程,值得探讨和实践。

　　从1986年起,北京大学开设了专门供中高年级外国学生选修的虚词课,至今已有近二十个年头了。这二十年来,虚词课一直受到欢迎,取得了较好的效果。实践使我们认识到:

　　1. 虚词教学在外国学生习得汉语的全过程中占有极重要又极特殊的位置,应该给它以特别的关注。

　　汉语在类型上不同于世界其他主要语言,它缺少严格意义的形态变化。它既不像印欧语那样有形态标志或屈折变化,也不像日语、朝鲜语那样有黏着形式。虚词是汉语表达语法关系的主要手段,这是汉语的一个重要特点。以非汉语为母语的外国学生在学习汉语时需要进行一种语言类型上的转换,开设专门的虚词教学课程,对帮助学习者尽快完成语言类型的转换,有十分重要的意义。

　　2. 虚词是外国学生学习汉语的难点,有必要在适当阶段进行强化教学和训练。

　　长期从事对外汉语教学的教师都有同感,外国人学汉语所发生的语法方面的偏误,一半以上是由于误用虚词造成的。另外,外国学生在虚词学习方面还存在着严重的"化石化"现象。即学习者在初级阶段学习的某些虚词项目掌握到一定程度就停滞不前了,即使到了高级阶段,对这些虚词项目仍然掌握不好,初级阶段学习的某些甲级虚词始终是难点。笔者曾仔细阅读过一篇已经获得博士学位的日本留学生的毕业论文,全文约15万字,论文基本上是文通字顺,有语法错误的句子不多。一个有趣的现象是,在有语法错误的句子中,除个别错误是用错句型或实词搭配错误外,其余的基本上都是和虚词有关的错误,其中甲级虚词使用错误又占了三分之二以上。可以说,这位博士生的总体汉语水平已经达到了比较高的程度,但是某些虚词项目仍然处于初级水平,"化石化"现象十分明显和突出。这个现象进一步说明,虚词的的确确是外国学生学习汉语的一个难点,有必要在中高级阶段把常用虚词集中起来,进行强化教学和训练。

这种强化教学和训练的目的是:

1) 对初级阶段分散学习的虚词用法进行归纳和总结,使之条理化和系统化。可以对某一个虚词进行归纳和总结,如"无论",针对学生常出现的偏误"无论天气好不好,我去颐和园"和"无论天气很不好,我也去颐和园"等,总结出:A,"无论"的后边,一般要有其他关联词配合使用(如"都、也、反正"等);B,出现在"无论"后的成分一般要符合以下条件:① 无论+V不V/A不A;② 无论+还是/或者;③ 无论+疑问代词;也可以对某对相近虚词的用法加以归纳和总结,如"不"和"没"、"再"和"又"等;还可以对一组虚词进行讨论和分析,如"但是、可是、不过、然而"等。

2) 帮助学习者更好地完成从初级阶段向中高级阶段的过渡,深化对汉语虚词的认识。在初级阶段,语法教学的总目标是让学生掌握最基本的语法规律,使习得者具备区分正误的能力(赵金铭,1996),具体到虚词,就是要让学习者了解所学虚词的基本意义并掌握好它的基本用法,这一阶段主要解决的是句法平面的问题。到了中高级阶段,一方面要继续关注句法方面的问题,即要求学生全面、熟练地掌握虚词的各种用法;另一方面,虚词教学又必须随学习者交际水平的提高而不断深化,为使学习者掌握在不同的语境中虚词所体现出来的深层语义表达,虚词教学不能只停留在句法平面,而是要深入到语义和语用平面上去。我们以介词"关于"为例,"关于"是汉语中使用频率很高的一个虚词,又是一个外国学生常常用错的虚词,即使是中高级阶段的学生也常常会造出如下的句子:

A(1) 我们下午关于旅行的问题要详细讨论一下。

(2) 我最近正在研究关于中国历史。

B(3) 关于工作,她一向都非常认真。

(4) 关于"除非"这个词的用法,你们还没有完全掌握。

错误分为两类:A类是使用上的错误,属于句法平面的问题;B类是词义理解方面的错误,属于语义平面的问题。这两个方面的问题都是中高级阶段虚词教学要解决的。

如果在中高级阶段把"关于"的使用条件(基本句型)、深层语义以及语用上的限制清楚地告诉学生,必将促使学生产生一个认识上的飞跃,使其不但知其然,而且知其所以然,顺利地实现以初级阶段为基础,循序渐进地向中高级阶段过渡的目标。

3. 独立出来的虚词课是一门理论与实践密切相结合的课程,既不是单纯地讲授虚词理论,也不是单纯学习虚词用法,而是运用第二语言学习理论,把二者有机地结合起来,使学生不但掌握丰富的感性知识,同时获得掌握汉语虚词用法所需要的理性知识,进而达到迅速提高虚词运用能力这一目的。

和实词相比较,虚词属于封闭性词类,每一类虚词的数量是有限的。据一般的统计,汉语的虚词数量大约在 900 个左右,而常用虚词的数量只约占 50%。《汉语水平词汇等级大纲》中所收虚词大约有 500 个,下面是"大纲"中副词、介词、连词、助词四类虚词在甲乙丙丁四级词中的分布情况:

	副词	介词	连词	助词	总计
甲级	54	20	18	16	108
乙级	97	24	37	6	164
丙级	92	9	34	5	140
丁级	90	3	13	1	107
总计	333	56	102	28	519

除去一些兼类、交叉的情况,实际上所要掌握的虚词不足 500 个,如果再除去丁级虚词,剩下的就只有 400 个左右了。这 400 个左右的虚词是我们虚词课教学的基本内容。为进一步突出教学重点,还可以对这 400 个左右的虚词进行两方面的筛选:一是筛选出语言交际中价值比较高的,二是筛选出外国学生误用率比较高的。有了这两个筛选,就可以保证虚词教学内容的科学性和针对性。

4. 从第二语言习得理论出发,把中介语理论渗透在对外汉语虚词教学中,开展汉外语言对比教学,是虚词教学的重要手段。

所谓汉外对比教学,就是说教师要把握汉外语言的相同点、相似点以及不同点,做到能预言、解释、改正并消除因学生母语的干扰而出现的偏误(赵永新,1996),把母语的负迁移减少到最低范围内。

王还先生的《"ALL"与"都"》是一篇汉外对比的好文章,对于对外汉语虚词教学很有启发意义和指导意义。文章从语法和翻译两个方面介绍了"ALL"与

"都"的异同,指出,英语的"ALL"可以是形容词、副词、代词,也可以是名词,而汉语的"都"只能是副词,并且只能出现在谓语之前。运用王还先生的关于"都"和"ALL"对比研究的成果,我们在教学中就能很清楚地解释为什么下面的句子是错误的:

(5) 都我的中国朋友喜欢喝茶。

  All my Chinese friends like to drink tea.

(6) 桌子上放的是都英文报纸。

  The table is all coverd with books.

(7) 我们每一个人去过那儿了。

  Every one of us has been there.

例(5)中的"都"误用为形容词;例(6)的错误是"都"放错了位置;例(7)比较有意思,汉语的"都"除了表示总括,指事物的全体,还有一个作用,指事物中的每一个,因此用"每"的句子后一般要有"都"配合,例(7)要说成"我们每一个人都去过那儿了",而英语的"every"无此要求。

开展汉外对比教学的前提是学生按不同母语编班,由于条件所限,目前虚词教学还未能完全做到这一点,但这是一个方向。

5. 开展近义虚词对比教学是虚词教学的另一个重要手段。

所谓近义虚词对比教学,是说把意义和用法彼此相近的虚词放在一起进行比较,在虚词甲与虚词乙的对比之中充分显示出甲乙双方各自的不同特点,使学习者更清楚地认识二者的异,以便更准确地运用虚词。近义虚词对比教学可以采用以下几种方法:一对一对地比,如"关于、对于","常常、往往","已经、曾经","或者、还是","虽然、即使"等;一组一组地比,如"正、在、正在","马上、立刻、顿时","朝、向、往","给、为、替"等;一类一类地比,比如助词,有不同的小类:结构助词、动态助词、语气助词等。无论使用哪种方法,目的只有一个:便于学习者清楚地认识每一个虚词在相关汉语虚词系统中独特的位置。

6. 每一个虚词有自己的独特位置,独特用法,但是有些同类虚词,不同之中又有某些共同之处。站在全局,对这些共同之处作出理论上的归纳,从宏观上概括和把握虚词的用法,也是中高级阶段虚词教学的重要内容,它对提高学生运用虚词的能力十分有利。例如学生常常造出这样的句子:

(8) 不但他学过中文,而且学过三年。

(9) 我们不但不知道,他们也不知道。

(10) 他一来,就大家都走了。

(11) 我们按时来了,却他们没来。

　　问题出在关联词的位置上。关联词的位置对于中国学生来说完全没有问题,而对于外国学生来说却需要从总体上进行概括和说明。根据分句定位的原则,汉语复句中的关联词可以分为四类:只能出现在第一分句里、只能出现在第二分句里、在几个分句中重复出现和只能在分句之间出现。在分句定位的基础上,进一步根据主语定位的原则,又可以把关联词分为三类:前置定位关联词、后置定位关联词和非定位关联词。有了这种对关联词位置宏观上的概括和使用上的说明,不但可以清楚地解释上面的句子为什么是错误的,而且能够快速、有效地帮助学生正确地使用关联词。

　　7. 实用性表格是体现对比研究成果的一个有效方法。

　　对外汉语虚词教学需要应用语言学理论的指导,但它的根本目的在于提高学生运用虚词的能力,因此不必要的理论上的阐述和烦琐的解释都和我们的教学目的相违背。实用性对比表格简明、易懂,又使用方便,是体现对比研究成果的一个有效方法,对学生掌握虚词的用法有立竿见影的效果。比如"已经"和"曾经"是一对近义时间副词,都表示在过去的时间里发生的行为动作:

(12) 这本小说我已经看了。

(13) 这本小说我曾经看过。

(14) 我已经学了两年日语了。

(15) 我曾经学过两年日语。

　　但它们在意义和用法上又有明显区别:意义上,"已经"强调行为动作已经完成,并且与现在有关。"曾经"强调以前有过某种经历,现在已经结束,不强调完成,行为动作与现在无直接关系。因此,"已经学了两年日语了"表达的是现在还在继续学;"曾经学过两年日语"表达的是以前学过,现在不继续学习了;用法上,"已经"多与"了"配合,"曾经"多与"过"配合。另外,两者的否定形式也不一样。我们把以上对比结果用表格形式表示就是:

	意 义		用 法	
	语义重点	与现在关系	＋了/过	否 定
曾经	以前有过某种经历,现已结束,不强调完成。(这本小说我～看过——看过,不一定看完)	与现在无直接关系。(我～学过两年日语——以前学过,现在不学了)	多数情况下用"过"	(从来)没＋动词＋过(这本小说我从来没看过)
已经	表示行为动作已经完成。(这本小说我～看了——看完了)	与现在有关。(我～学了两年日语了——现在还在学)	多数情况下用"了"	(还)没＋动词(这本小说我还没看)

表格为学习者提供了工具书式的方便,便于他们随时查阅。

8. 课堂教学在语言教学的全过程和全部教学活动中占有极其重要的位置,它是"直接帮助学生掌握语言的中心环节,其他环节都必须为这个中心环节服务"(吕必松,1990),因此为课堂教学服务的教材,在编写时必须精心设计和安排。

根据语言学习理论,语言学习跟人的心理有密切的关系,其中学习动机是影响学习者学习效果的一个重要因素。动机决定一个人将会学到多少以及什么时候能达到某一目标,这很大程度上取决于学习者的需要和兴趣。任何语言课都应该遵循这个原则来组织教学,虚词课当然也不例外。要做到虚词课的内容真正切合学习者的需要,并且上得生动活泼,使学生始终保持着浓厚的兴趣,并不是一件容易的事。我们采取的做法是:1)课堂上输入给学生的所有的感性知识材料,即课堂用例,一定要精选,既要简单,又要实用。所谓简单,是说用例中一般不要出现生词,因为虚词课的目的不是学习新的词汇,生词多了会分散学生的注意力,影响学习情绪;所谓实用,是说用例要贴近学生的日常生活。因为如果学生觉得所学的材料是他们想学的,是有意义的,就越能唤起他们的兴趣,留下的印象就越深,记忆也就越牢固,使用时句子的生成也就越快。从某种意义上说,如果把虚词讲义中的例句抽出来,就是一本简易的汉语常用句式集成。2)学生应该始终是课堂的主体,尽量为他们提供活动的空间,让他们在课堂上和教师一起分析讨论问题,最大限度地调动起学生的积极性,使学习者产生主人翁感,产生绝对的参与意识。为此我们在讲义的编排上,尽量把阐述过程设计成有意义的练习形式,从一开始学生就必须说话,必须动脑,不是被动地听讲,而是积极参与,使他们感到上虚词课不是负担,而是一种有趣的语言实践。

9. 语言习得是一个循序渐进的过程,虚词教学也要符合这一过程,也要讲究层次。对外汉语虚词教学的层次性主要体现在两个方面:一是体现在教学内容的循环、重复上。中高级阶段的集中式虚词教学是以初级阶段零散式虚词教学为基础的,是初级阶段教学的扩展和深化,因此,在教学内容上要做到和初级阶段有机的衔接、循环和重现,这主要反映在虚词课内容的安排上;二是体现在具体虚词的习得过程方面,即对某个虚词或某对虚词的教学也要讲究循环和重现,使学生在逐步递进的过程中加深认识,掌握用法。为实现这一目的,课堂教学至少应保持以下六个环节:

① 课堂练习(填空或辨别正误),发现问题,引起学生的注意和重视。

② 课堂讨论,分析问题,启发学生思考。

③ 教师总结,把分析或对比分析成果简明地展示出来。
④ 再次课堂练习,重复强化已学知识,在一个新的层次上巩固和提高。
⑤ 课后练习,再次重复强化课堂所学知识,使它们成为习惯或技能。
⑥ 讲评课后练习中出现的问题,进一步总结提高,进入一个新的循环。

第④⑤⑥环节都是在做重复练习,第④是连续重复,第⑤第⑥是间隔重复。几乎所有的学习理论都在不同程度上重视重复,因为重复是记忆所学东西的最重要的一种手段,特别是间隔重复,对于掌握课堂知识,达到一有某方面的刺激,就立刻回忆起所学知识来有特别明显的效果。

最后还要说明的是,我们希望《现代汉语虚词讲义》能为留学生提供现代汉语虚词的一个概貌,因此讲义的框架以副词、介词、连词、助词为主线,全书共为四个单元。每一单元的第一部分,对本单元内容作综合概述,包括分类、主要特点及各类常用虚词列举,之后再根据不同需要分别以小类展开论述。为了方便学习者,《现代汉语虚词讲义》把课堂讲授过程中的各种练习参考答案作为附录列在书后。此外,《现代汉语虚词讲义》还设计了二十一个课后练习,也附有练习参考答案。使用本讲义的教师可以根据教学的需要和课时,自由选择授课内容和练习,而不必每一部分都讲授。

作为本书的作者,衷心地希望《现代汉语虚词讲义》能够为对外汉语教师、对外汉语专业的研究生和希望学习汉语虚词的外国学习者提供方便。由于个人水平所限,本讲义一定还有许多不完善之处,希望听到同行们的批评意见。

编　者
2004 年 10 月于蓝旗营

第一单元　　副　　词

副 词 概 述

　　副词主要用来修饰动词、形容词,说明动作行为或状态性质的时间、范围、程度等情况。

1.0.1　副词的分类

　　(一) 下面句子中带点的词都是副词,试着归纳出它们所表示的不同意义:
　　(1) 来中国一个多月了,我已经熟悉了这里的生活。
　　(2) 从1995年起,我一直住在北京。
　　(3) 有了他的消息请立即告诉我。
　　(4) 世界上一共有多少个国家?
　　(5) 大家都同意星期天去爬山。
　　(6) 他把老师讲的话统统录了下来。
　　(7) 雨后,空气非常新鲜。
　　(8) 最近,他显得格外地高兴。
　　(9) 北京的冬天比东京稍微冷一点儿。
　　(10) 她身体不好,常常感冒。
　　(11) 王小红又一次打破了全国游泳记录。
　　(12) 离开家时,妈妈再三嘱咐我要注意安全。
　　(13) 我们不知道这消息可靠不可靠。

(14) 走的时候，别忘了关灯。
(15) 只要努力，就一定能学好汉语。
(16) 这幅人物画简直像真人一样。
(17) 掌握好一门外语究竟需要多少年？
(18) 没想到这次考试我居然得了第一名。
(19) 春天到了，天气渐渐暖和了。
(20) 这个消息是他亲口告诉我的。
(21) 朋友之间应该互相关心、互相帮助。

根据上述21个句子中副词所表示的不同意义，可以归纳为七个方面：

1. 表示时间：已经、一直、立即［例(1)—(3)］
2. 表示范围：一共、都、统统［例(4)—(6)］
3. 表示程度：非常、格外、稍微［例(7)—(9)］
4. 表示频率：常常、又、再三［例(10)—(12)］
5. 表示否定、肯定：不、别、一定［例(13)—(15)］
6. 表示语气：简直、究竟、居然［例(16)—(18)］
7. 表示方式或情态：渐渐、亲口、互相［例(19)—(21)］

(二) 副词的小类

上文所归纳的副词的七个方面，正好代表了汉语副词的七个小类。汉语常用副词分类列举如下：

1. 时间副词：
  刚　刚刚　早　就　才
  已　已经　曾　曾经
  马上　立刻　立即　顿时
  正在　正在
  赶快　赶紧　赶忙
  将　将要　即将　快
  一直　始终　老(是)　总(是)　从来　向来　一向
  永远　终于　早晚　随时　偶尔　按时
  忽然　猛然　一下儿
  还　还是　仍　仍然　仍旧　依然

先　然后

2．范围副词：

　　都　全　就

　　一起　一齐　一同　一道　一块儿

　　共　一共　总共

　　一概　一律　统统

　　到处　处处

　　只　仅　仅仅　单　光　净　惟独

3．程度副词：

　　很　挺　怪　太　非常　相当　十分

　　极　极其　最　顶

　　比较　更　更加　格外

　　稍　稍微　略微

　　多　多么

4．频率副词：

　　还　再　又　也

　　重　重新

　　常　经常　时常　常常　往往

　　一再　再三　来回　反复　屡次

5．否定、肯定副词：

　　不　没（有）　别　甭　未

　　准　一定　必定　必然　的确

　　未必　何必

　　白　白白

　　大概　大约　恐怕　也许　或许

6．语气副词：

　　可　却　倒　偏　偏偏

　　到底　究竟　毕竟

　　居然　竟然　果然

　　幸亏　多亏　好在

　　简直　反正　难道

　　几乎　差点儿

7. 方式、情态副词：

  逐步 逐渐 渐渐

  亲自 亲手 亲眼 亲口 亲笔

  特地 特意 专程

  独自 分别 互相 先后 陆续

  悄悄 偷偷 暗暗 缓缓 默默

  不断 不住 不停 不禁

1.0.2 副词的基本特点和语法功能

（一）副词的基本语法特点

1. 修饰动词和形容词，充任状语。如：

副词 ＋ 动词		副词 ＋ 形容词	
刚	来	很	漂亮
正在	学习	非常	安静
常常	见面	多么	美好
一起	参加比赛	别	激动
到底	同意不同意	究竟	好不好

2. 一般不单独使用，在回答问题时，副词要跟所修饰的动词或形容词一起答出。如：

  （1）他也同意了吗？————也同意了。

  （2）你已经大学毕业了吗？———已经毕业了。

  （3）那儿是不是非常热？————非常热。

（二）其他特点

1. 副词"很"和"极"，除作状语外，还能出现在形容词后边作补语。作补语的"极"后面要用"了"。如：

 很：他的中文好得很。

   屋里热得很。

   我最近忙得很。

 极：今天热极了。

比赛精彩极了。

这家商店的东西贵极了。

2. 一般情况下,副词不能修饰名词、代词。如:

× 都作业做完了。　　→　　作业都做完了。

× 刚电影开始。　　　→　　电影刚开始。

× 也我们同意。　　　→　　我们也同意。

× 才那样好。　　　　→　　那样才好。

但是在下列情况下,副词可以修饰名词或代词:

A　修饰表示日期、天气、时间、年龄、身份、数量等名词性成分

（1）明天又星期天了。　　　　　　　（日期）

（2）这一个星期都晴天。　　　　　　（天气）

（3）现在才两点,不晚。　　　　　　（时间）

（4）我们的老师大约四十岁。　　　　（年龄）

（5）他刚中学生,不能喝酒。　　　　（身份）

（6）我写了不少了,已经两千字了。　（数量）

B　修饰能代替动词、形容词的代词"这样"、"那样"等

（1）事情已经这样了,就别着急了。

（2）你又想不出别的方法,那就这样吧!

（3）酒后开车太危险了,下回可别那样了。

C　少数范围副词可以修饰名词、代词,多用于口语

（1）就厂长一个人没走。

（2）光我们俩不行,还得多去几个人。

（3）这家商店的货很齐全,仅水果,就有十多种。

3. 少数副词可以单独使用,主要出现在问话和答话里。如:

（1）——"我现在还不知道我要去多长时间。"

　　——"大约呢?"（问话）

（2）——"你一个人去上海旅行吗?"

　　——"不。（我和同屋一起去。）"（答话）

（3）——"他什么时候到的?"

　　——"刚刚。"（答话）

能单独使用的副词主要有:"不、没、别、立刻、马上、顺便、大约、也许、一共、总共、一定、赶快、赶紧、刚刚"等。

练 习 一

一、选择合适的搭配(限用一次)

刚刚　　　　不答应
一齐　　　　不放心的
统统　　　　想起那段日子
偏　　　　　回到宿舍
怪　　　　　回答
时常　　　　吃光了
好容易　　　明白了
一下子　　　去过一次
总共　　　　告诉他
不必　　　　才找到

二、选择合适的副词填空(限用一次)

都　已经　正好　才　就　的确　也　顶多　一共　大约

1. 别人都同意了,(　　)他一个人不同意。
2. 我来到中国到明天(　　)一年。
3. 这一个星期(　　)阴天。
4. 现在(　　)三月底了,天气怎么还这么冷?
5. 他20岁,我(　　)20岁。
6. 你这次考试怎么(　　)62分?
7. 我猜这件大衣(　　)三百元左右。
8. 两个年级(　　)254人。
9. 他年纪不大,看样子(　　)30岁。
10. 这幅画(　　)三千五百元,比较贵。

三、改正病句

1. 他解释了以后,才我们明白是怎么回事。
2. 我的同屋喜欢吃饺子,也我喜欢。
3. 都我的中国朋友爱好音乐。

4. 他干得很慢,刚他打扫了一个房间。
5. 一共这些书是八十八块二。
6. 已经事情这样了,再别埋怨了。
7. 爸爸工作很忙,一个星期七天,星期六就不上班。
8. 先你吃饭,然后再我们一起去看电影。

第一节 时间副词

1.1.1 才 就

(一) 填空

(1) 八点上课,他七点半(　　)来了。
(2) 八点上课,他八点半(　　)来。
(3) 夏天,四点多天(　　)亮了。
(4) 冬天,七点多天(　　)亮。
(5) 这些生词我念了一遍(　　)记住了。
(6) 这些生词我念了四五遍(　　)记住。

说明:

"才"和"就"在表示时间时,意思正好相反。"才"表示说话人认为行为动作实现得晚或实现得慢[例(2)(4)(6)];"就"表示说话人认为行为动作实现得早或实现得快[例(1)(3)(5)]。另外,用"就"的句子里一般要用"了"。

见下表:

	强调行为动作实现的情状		用法上
才	晚	慢	
就	早	快	常常在句尾+"了"

(二) 填空

(1) 你等一会儿,我马上(　　)走。
(2) 别着急,他(　　)要回来了。
(3) 没什么大病,休息几天(　　)会好。

(4) 他下了课（　　）去图书馆了。

(5) 请你一到北京（　　）给我来电话。

(6) 她刚大学毕业（　　）结婚了。

说明：（　　）还可以：

1. 表示在很短的时间内即将发生,有"立刻"、"马上"的意思[例(1)(2)(3)]。

2. 表示两件事紧接着发生[例(4)(5)(6)]。

(三) 填空

(1) 他（　　）睡着,别叫他。

(2) 我（　　）从日本回来不久。

(3) 你怎么（　　）来（　　）要走？

(4) 我（　　）看了一会儿书（　　）困了。

(5) 他的女朋友很年轻,今年（　　）21岁。

(6) 这件衣服（　　）30多块钱,真不贵。

(7) 他（　　）考了60多分,刚刚及格。

(8) 他们俩结婚（　　）一个月（　　）离婚了。

说明：（　　）还可以：

1. 表示事情在说话前不久发生,有"刚"、"刚刚"的意思[例(1)(2)],并常和"就"配合使用[例(3)(4)]。

2. 用在数量词前,表示数量少,有"仅"、"只"的意思[例(5)(6)(7)],也可以和"就"配合使用[例(8)]。

(四) 练习——填空

(1) 我八月（　　）回国了,学不了几个月了。

(2) 我八月（　　）回国,还可以再学几个月。

(3) 我们等了半天他（　　）来,真急死人了。

(4) 我们等了十分钟他（　　）来了,大家都很高兴。

(5) 哥哥今年不去上海,明年（　　）去。

(6) 妈妈一看见我回家（　　）高兴。

(7) 他病（　　）好（　　）去上课了。

(8) 姐姐上大学（　　）一年,离毕业还早呢！

1.1.2 已经　曾经

（一）填空

(1) 他（　　）去（　　）日本。
(2) 他（　　）去日本（　　）。
(3) 我（　　）在那个小工厂工作（　　）两年。
(4) 我（　　）在那个小工厂工作两年（　　）。

（二）比较

A　意义上

(1) 这篇报道我（　　）看过。　　　　　　　　　　（看过,不一定看完）
(2) 这篇报道我（　　）看过了。　　　　　　　　　（看完了,内容都知道）
(3) 那本字典我（　　）买过好几次,都没买到。　（强调买过,不强调买到）
(4) 那本字典我（　　）买到了,不用费心了。　　 （强调买到了,现在仍有）
(5) 我（　　）在这里住过三年。　　　　　　　　　（以前住过,现在不住了）
(6) 我（　　）在这里住了三年了。　　　　　　　　（现在还住在这里）
(7) 我哥哥（　　）学过两年法文。　　　　　　　　（以前学过,现在不学了）
(8) 我哥哥（　　）学了两年法文了。　　　　　　　（现在还在学）

B　用法上

(1) 姐姐中学时（　　）学过俄语,后来又改学英语。　　　　　（用"过"）
(2) 在婚姻问题上,她（　　）吃过大亏。　　　　　　　　　　　（用"过"）
(3) 我赶到机场时,飞机（　　）起飞了。　　　　　　　　　　　（用"了"）
(4) 我们（　　）吃过晚饭了。　　　　　　　　　　　　（用"过"和"了"）
(5) 你看过这本小说吗?——中学时曾经看过,不过现在都忘了。（肯定）
　　　　　　　　　　　　——从来没有看过。　　　　　　　　　（否定）
(6) 你看完这本小说了吗?——已经看完了。　　　　　　　　　　（肯定）
　　　　　　　　　　　　——还没看完呢。　　　　　　　　　　（否定）
(7) 这种产品我们不曾生产过。　　　　　　　　　　　　　　（不 + 曾）
(8) 这种产品我们已经不生产了。　　　　　　　　　　　　　（已经 + 不）
(9) 明天这个时候,我们大概（　　）到了上海了。　　　　　（用于将来）
(10) 你（　　）快要上大学了,怎么还像个小孩子似的。　　（用于将来）

（三）小结

1. "已经"和"曾经"都可以用来表示在过去的时间发生的行为动作，即用于"已然"；"已经"还可以用于将来要发生的行为动作[B中(9)(10)]，即用于"未然"。

2. 当它们用于过去时，"已经"强调行为动作已经完成[A中(2)(4)]，并且与现在有关[A中(6)(8)]；"曾经"强调以前有过某种经历，现在已经结束，不强调完成[A中(1)(3)]，行为动作与现在无直接关系[A中(5)(7)]。

3. "已经"多与"了"配合使用[B中(3)(4)]；"曾经"多与"过"配合使用[B中(1)(2)]。

4. "已经"的否定形式是"（还）＋没＋V"[B中(6)]或"已经＋不"[B中(8)]；"曾经"的否定形式是"（从来）＋没＋V＋过"[B中(5)]或"不＋曾"[B中(7)]。

见下表：

	意义		用法		
	语义重点	与现在关系	＋了/过	否定	时态
已经	强调行为动作已经完成	与现在有关	多数情况下用"了"	a.（还）＋没＋V b. 已经＋不	已然 未然
曾经	以前有过某种经历，现已结束，不强调完成	与现在无直接关系	多数情况下用"过"	a.（从来）＋没＋V＋过 b. 不＋曾	已然

（四）练习——改正下列句子

（1）他曾经结婚一次，但是现在已经离婚。

（2）我姐姐曾经快要大学毕业了。

（3）十年前，这所大学就曾经开始招收博士生。

（4）我没有曾经去过外国。

（5）我不曾经学过外语。

（6）我看你很面熟，我们好像已经在哪儿见过面。

（7）我和我的同屋是好朋友，我们曾经在一起住过两年。

（8）我曾经在中国学习半年了，我还要学习半年。

1.1.3 马上 立刻 顿时

（一）填空

(1) 冬天快过去了,春天（　　）就要到了。
(2) 请大家（　　）到楼下集合。
(3) 上课铃声一响,教室里（　　）安静了下来。
(4) 好,我（　　）就走。

（二）比较

1. （　　）表示事情即将发生或已经发生了。常与"就"一起用。
 (1) 快进教室吧,报告（　　）就要开始了。　　　　　　　（即将发生）
 (2) 你（　　）就是三十岁的人了,怎么干什么事都要别人帮忙？（同上）
 (3) 再等一会儿,我（　　）就写完了。　　　　　　　　　（即将发生）
 (4) 她大学毕业以后,（　　）就忙着结婚。　　　　　　　（已经发生）
 (5) 这首歌曲（　　）就在同学中间流传开来了。　　　　　（同上）
 (6) 这种新型电脑一上市,（　　）就成为市场的热门货。　　（同上）

2. （　　）表示事情即将发生或已经发生了,但所表示的时间紧迫性要比（　　）强,后多跟复杂的动词短语,用于已经发生时,句中常出现"了"。
 (1) 你应该（　　）把这个消息告诉他。　　　　　　　　　（即将发生）
 (2) 请大家（　　）回到自己的座位上。　　　　　　　　　（同上）
 (3) 接到我的电话后,你（　　）到车站接我。　　　　　　（同上）
 (4) 了解了情况后,厂长（　　）作出了决定。　　　　　　（已经发生）
 (5) 看到老师拿来这么多好玩具,孩子们（　　）高兴了起来。（同上）

3. （　　）表示由于前面所说的原因,突然出现某种情况或者发生某种变化。用（　　）是强调情况或变化发生得特别快,只叙述已经发生了的情况,多用于书面语,常与"了"或趋向补语一起用。
 (1) 孩子们来了,屋子里（　　）热闹起来。
 (2) 演出结束,会场里（　　）响起了一阵掌声。
 (3) 听到这个不幸的消息,他的脸色（　　）变了。
 (4) 一阵大风过后,（　　）又下起了大雨。

第一单元　副　词

（三）小结

1. 从"马上、立刻、顿时"所表示的时间紧迫性来看，"马上"强调紧迫性不太强；"立刻"强调的紧迫性较强；"顿时"则强调突然发生，紧迫性最强。三者间的关系为"比较快——很快——最快"。

2. "马上、立刻"既可以用于已然，也可以用于未然，"顿时"只用于已然。

3. 用"顿时"的句子一定要有条件句或原因句出现，而"马上、立刻"不需要。

4. "马上"常和"就"配合使用，"立刻"常和"了"配合使用，"顿时"常和"了"或趋向补语配合使用。

5. "马上"多用于口语，"顿时"多用于书面语，"立刻"口语、书面语都使用。

6. 当表示已然，并且有条件句时，"马上、立刻、顿时"有时可以互相替代，但表示的时间的紧迫感不同，比较：

　　看到女儿平安回家，妈妈的心马上／立刻／顿时放了下来。

当表示未然时，"马上、立刻"有时可以替换，也是表示的时间的紧迫感不同，比较：

　　我马上／立刻去办。

但有时用"马上"用于表示客观情况的变化时，不能用"立刻"替换，如前边所举到的例句：

　　×快进教室吧，报告立刻就要开始了。
　　×你立刻就是三十岁的人了，怎么干什么事都要别人帮忙？

如下表：

	表示时间的紧迫感	用　　法				
		时态	有条件句	无条件句	语体	配合使用
马上	比较快	已然 未然	＋	＋	口语	就
立刻	很快	已然 未然	＋	＋	口语 书面语	了（已然）
顿时	最快	已然	＋	－	书面语	了 趋向补语

（四）练习——填空

（1）听完他的话，她（　　）表示同意。

（2）天阴得这么厉害，看样子（　　）就要下雨了。

（3）我已经是四年级的学生了，（　　）就要大学毕业了。

(4) 他点燃了汽油,大火(　　)燃烧了起来。

(5) 听到女儿考上大学的消息,妈妈的脸上(　　)笑开了花。

(6) 请你(　　)打电话通知他来开会。

(7) 老人一上车,一位年轻人(　　)站起来让座位。

(8) 他吃饱了饭,往床上一躺,(　　)就睡着了。

1.1.4 正 在　正在

(一) 填空

(1) 我到达北京那天,(　　)遇上下大雨。

(2) 我(　　)准备 HSK 考试,没有时间跟你一起出去玩。

(3) 社会(　　)发展;时代(　　)前进。

(二) 比较

A　意义上

(1) 服务员(　　)为顾客挑选商品。

(2) 我进门时,他(　　)收拾行李。

(3) 到朋友家时,(　　)赶上吃晚饭。

(4) 真巧,我(　　)要找你,你就打电话来了。

(5) 我(　　)看着电视,突然听到一声重重的敲门声。

(6) 大家(　　)谈论着,他进来了。

(7) 风(　　)不停地刮,雨(　　)不停地下。

(8) 我经常(　　)想,为什么会有战争?

(9) 最近,我(　　)写一篇关于妇女问题的报道。

(10) 奶奶的病(　　)一天一天好起来。

B　用法上

(1) 我们(　　)学习,你一会儿再来。　　　　　　(后跟单个动词)

(2) 我们(　　)学习呢,你一会儿再来。　　　　　(动词 ＋ 呢)

(3) 你要的那本书我(　　)看,看完了就给你。　　(后跟单个动词)

(4) 太阳(　　)从地平线上升起。　　　　　　　　(后跟介词"从")

(5) 昨天上午,我一直(　　)等你,你怎么没来?　　(用于过去)

(三) 小结

1. "正、在、正在"都可以作状语,表示正在进行。如 A 中例(1)(2)。

2. "正"还有另外一个意思,表示正好碰上,有"恰好"、"恰巧"的意思。如 A 中例(3)(4)。

3. 当"正、在、正在"表示正在进行时,意义上各有所侧重。"正"强调动作正在发生[A 中例(5)(6)],"在"强调动作或状态的持续[A 中例(7)(8)],"正在"既强调发生又强调持续[A 中例(9)(10)]。

4、用法上也有区别:"在、正在"后可以跟单个动词[B 中例(1)(3)],"正"不能。"正、正在"后可以跟介词"从"[B 中例(4)],"在"不能。"在"常常用于过去的状态[B 中例(5)],"正、正在"很少用。

5. 如果动词后有"呢",用"正、在、正在"都可以[B 中例(2)]。

见下表:

	意 义 上			用 法 上			
	正在进行		正好碰上	后跟单个动词	后跟介词"从"	用于过去	后用"呢"
	强调发生	强调持续					
正	＋		＋		＋		＋
在		＋		＋		＋	＋
正在	＋	＋		＋	＋		＋

(四) 练习——填空

(1) 昨天晚上,我一直(　　)看书,哪儿都没去。

(2) 我去找他的时候,他(　　)从楼上下来。

(3) 真巧,我(　　)要买这本书,你就帮我买来了。

(4) 整个宇宙都(　　)运动、(　　)发展。

(5) 王老师(　　)编写一本关于中国清代历史的书。

(6) 对这里的情况,我们(　　)从各方面进行了解。

(7) 大夫(　　)给病人看病,你等一会儿再来电话吧。

(8) 运动员们(　　)休息,不要打扰!

练 习 二

一、选择合适的副词填空

1.　赶紧　赶快　赶忙　连忙

(1) 时间不早了,咱们(　　)回去吧。

(2) 听到有人在外边叫,小王(　　)答应。

(3) 看到一位老奶奶要摔倒了,旁边的人(　　)扶住了他。

(4) 你不要再耽误了,(　　)去医院看病。

2.　将　将要　快　快要　即将

(1) 图书馆建成后(　　)给全校师生带来极大的方便。

(2) 春节(　　)来临,到处一派节日景象。

(3) 学校(　　)放假了。

(4) 天气很闷,又没有风,看样子(　　)下一场大雨。

(5) 运动会(　　)在五月份举行。

(6) 时间不早了,咱们(　　)走吧。

3.　一直　始终　老(是)　总(是)　偶尔　随时

(1) 在昨天的会上,老王(　　)一言不发。

(2) 她脸上(　　)那么红红的,显得很健康。

(3) 大雨(　　)下了一天一夜才停。

(4) 他喜欢喝茶,(　　)也喝一两杯咖啡。

(5) 如果有什么不懂的地方,可以(　　)去问老师。

(6) 姐姐要去中国留学的决心(　　)没有改变。

(7) 这种广告(　　)可以在电视上看到。

(8) "录"和"率"两个音我(　　)发不准。

(9) 爸爸平时不喝酒,来客人时才(　　)喝一点儿。

4.　永远　终于　早晚　还　还是　仍　仍然

(1) 经过两年的努力,弟弟(　　)考上了大学。

(2) 老酒后开车,(　　)会出事故。

(3) 大海(　　)也不会平静。

(4) 已经一天一夜了,病人(　　)昏迷不醒。

(5) 等了三天了,(　　)无消息。

(6) 多年不见,你（　　）那么年轻。

(7) 商店里（　　）像往常一样热闹。

(8) 小王（　　）没回来,（　　）在图书馆看书。

(9) 虽然我们解释了原因,但他（　　）不肯原谅我们。

(10) 别着急,事情（　　）会弄明白的。

二、根据下文的意思,选择适当的副词填空

　　正　　正在　　刚　　早　　就　　才　　立刻　　马上　　将　　已经　　曾经
　　常常　　老　　一向　　偶尔　　一直　　始终　　从来　　终于　　还　　仍然

1. 我是个大学生,现在（　　）中国留学。记得我（　　）到中国的时候,（　　）想家,夜里（　　）睡不着觉。现在,半年过去了,我（　　）完全习惯了这里的生活。

2. 爸爸（　　）喜欢早睡早起,每天五点半（　　）起床,洗完脸后（　　）去公园锻炼身体,快八点了（　　）回家吃早饭。多年来（　　）坚持这样,（　　）没有改变过。当然,如果碰上刮风天、下雨天,爸爸（　　）也睡个懒觉。

3. 弟弟的理想是当个医生,他的理想（　　）没有改变过。为了实现这个目的,他学习（　　）非常努力,即使在假期里也（　　）坚持学习。前年,弟弟（　　）考上了医学院,大家都为他高兴。

4. 昨天,我收到了朋友的一封信。信中说,他（　　）平安到达了日本,他（　　）在那里呆三个星期,办完了事情（　　）就回来。他还说,日本现在（　　）是春天,风景美极了。我小时候（　　）跟父母去过一次日本,但那时我还很小,所以对那儿的印象（　　）就没有了。

第二节 范围副词

1.2.1 都

(一)"都"的基本用法

表示范围是"都"的基本用法,此外还有两个别的用法,我们一起在此介绍。

1. 表示范围,总括全部。

A 用于陈述句,总括的对象在"都"的前面:

(1) 我们大家都去了。

(2) 他每天都锻炼半个小时身体。

B 用于疑问句,总括的对象在"都"的后面:

(3) 这次旅行,你都去哪儿了?

(4) 今天上课,都谁迟到了?

C 用于复句,总括的对象在"都"的前面:

(5) 除了他,别人都来了。

(6) 无论你去哪儿,我们都不会反对的。

2. 表示更进一层,有"甚至"的意思:

(7) 老师都不知道,我怎么会知道。

(8) 那儿的冬天一点儿也不冷,连毛衣都不用穿。

3. 表示时间,有"已经"的意思,常有"了"配合使用。"都……了"句后常常跟别的话语,进一步阐明说话人的意思。

(9) 都十二点了,你怎么还不回家?

(10) 我都四十岁了,不年轻了。

(二)使用"都"时要注意的问题

"都"的三种用法中,容易出错的是第一种用法,应注意:

1. 不该用的别用

   比较,辨别正误:

   (1)原来我们班都有八个同学,现在我们班都有十一个学生。

   (2)原来我们班有八个同学,现在我们班有十一个学生。

   (3)我们一个星期都有二十二节课。

   (4)我们一个星期共(一共)有二十二节课。

   (5)我们家都有五口人。

   (6)我们家共有五口人。

   (7)我们每家都有五口人。

   (8)晚上我要复习都学过的课文。

   (9)晚上我要复习所有学过的课文。

   (10)我都不相信你们的话。

   (11)我完全不相信你们的话。

   (12)你们的话,我都不相信。

2. 该用的别忘了用

   比较,总结出"都"的使用规则:

   (1)参观的时候,每个地方的中国人很热情。

   (2)参观的时候,每个地方的中国人都很热情。

   (3)一切体育运动他不喜欢。

   (4)一切体育运动他都不喜欢。

   (5)北京所有的名胜古迹我去过。

   (6)北京所有的名胜古迹我都去过。

   (7)什么中国菜我爱吃。

   (8)什么中国菜我都爱吃。

   (9)这个城市哪儿很干净。

   (10)这个城市哪儿都很干净。

   (11)小孩子对任何事感兴趣。

   (12)小孩子对任何事都感兴趣。

   (13)无论冬天还是夏天,他天天游泳。

   (14)无论冬天还是夏天,他天天都游泳。

3. 别放错了位置

比较,总结出"都"的位置:

(1) 都我的中国朋友喜欢喝茶。

(2) 我的中国朋友都喜欢喝茶。

(3) 桌子上放的是都英文报纸。

(4) 桌子上放的都是英文报纸。

(5) 我们都那个时候还是小孩子。

(6) 我们那个时候都还是小孩子。

(7) 凡是有困难的人,你应该都帮助他。

(8) 凡是有困难的人,你都应该帮助他。

(9) 在这所学校里,都老师对学生很热情。

(10) 在这所学校里,老师都对学生很热情。

(11) 在这所学校里,老师对学生都很热情。

(三) 练习——把"都"放在正确的位置上:

(1) 小王(　　)把脏衣服(　　)全(　　)洗完了。

(2) 我(　　)跟他们(　　)是(　　)第一次见面。

(3) (　　)你(　　)哪儿(　　)不舒服?

(4) 星期天(　　)你(　　)准备(　　)干什么?

(5) (　　)他(　　)对谁(　　)说了这件事?

(6) (　　)他(　　)把什么(　　)丢了?

(7) (　　)他(　　)把什么(　　)丢了。

(8) 除了饺子,(　　)别的(　　)我(　　)喜欢。

(9) 不管行不行,(　　)你(　　)告诉我一声。

(10) 无论情况怎么样,(　　)你(　　)要(　　)冷静。

(11) 屋子里静极了,(　　)连一根针(　　)掉在地上(　　)听得见。

(12) 这个孩子(　　)连父母的话(　　)不听,还会听你的吗?

(13) 发生这样的事,(　　)也(　　)不(　　)是他一个人的责任。

1.2.2 到处　处处

（一）填空

  (1) 一到星期天，街上（　　）都是人。

  (2) 一场大风过后，屋子里（　　）都是土。

  (3) 他们家的院子里（　　）都有鲜花，美极了。

  (4) 他这个人，一天到晚（　　）乱跑。

  (5) 你刚才去哪儿了？大家在（　　）找你。

  (6) 老师（　　）关心学生。

  (7) 在这个国家里，老人（　　）受到照顾。

（二）说明

1．"到处"和"处处"都表示"任何地方"、"各个地方"，当句子里有相关的处所词出现时，用"到处"和"处处"都可以，并且常有"都"配合使用，如例（1）—（3）。如果句子里没有处所词出现，并且也没有"都"时，只用"到处"，不用"处处"，如例（4）（5）。

2．"处处"还有另外一个意思，即"每个方面"，这时只用"处处"，不用"到处"，如例（6）（7）。

（三）练习——填空

  (1) 垃圾怎么能（　　）乱扔？

  (2) 大街上（　　）都是广告牌子。

  (3) 他时时（　　）为别人着想，受到大家的尊敬。

  (4) 我（　　）打听，终于有了他的确切的消息。

  (5) 他是一个（　　）小心谨慎的人。

1.2.3 一概　一律　统统

（一）填空

  (1) 飞机票过期（　　）作废。

(2) 没有票的（   ）不能入场。

(3) 他已经把垃圾（   ）都放在门外边了。

(4) 无论大人、孩子，（   ）要遵守法律。

（二）辨别正误

(1) A. 这些事我一概不知道。

　　B. 这些事我一律不知道。

　　C. 这些事我统统不知道。

　　D. 这件事我一概不知道。

　　E. 我一概不知道这些事。

(2) A. 中国菜我一概吃。

　　B. 中国菜我一概喜欢吃。

　　C. 中国菜我一概都吃。

(3) A. 春节的时候，孩子们一概喜欢穿新衣服。

　　B. 春节的时候，孩子们一律喜欢穿新衣服。

　　C. 春节的时候，孩子们统统喜欢穿新衣服。

(4) A. 他把妈妈给他包的饺子一概吃光了。

　　B. 他把妈妈给他包的饺子一律吃光了。

　　C. 他把妈妈给他包的饺子统统吃光了。

（三）说明

1. "一概"、"一律"、"统统"的共同点是：

(1) 都表示"没有例外"；[例(1)A.B.C三句都是正确的。]

(2) 所概括的成分应该是复数；[例(1)D是错句。]

(3) 所概括的成分必须出现在"一概、一律、统统"前；[例(1)E是错句。]

(4) "一概"、"一律"和"统统"后不能是单个动词。[例(2)B和C是正确的，A是错句。]

2. 不同点是：

(1) "一律"和"统统"既可概括人，又可概括物，而"一概"一般常用于概括物；[例(3)B和C是正确的，A是错句。]

(2) "统统"常常用于"把"字句，"一律"和"一概"不经常用于"把"字句；[例(4)C是正确的，A和B是错句。]

(3)"统统"多用于口语,"一律"和"一概"书面语、口语都可以。

见下表:

	所概括的成分				"把"字句	口语/书面语
	复数	在前	物	人		
一概	+	+	+	(一)	(一)	都可以
一律	+	+	+	+	(一)	都可以
统统	+	+	+	+	+	多用于口语

(四)练习——填空

(1) 我们班同学(　　)喜欢打篮球。

(2) 借书(　　)凭借书证。

(3) 凡是他提出的意见,我们(　　)反对。

(4) 除了生病的人以外,其余的人(　　)参加了长跑比赛。

(5) 我要把作业(　　)做完了再去玩。

(6) 北京的名胜古迹,我(　　)去过。

练 习 三

一、选词填空

1. 只　光　净

(1) 我(　　)学过日语,没学过英语。

(2) 这篇文章说的(　　)是一些没有用的废话。

(3) 我们当中(　　)有他一个人去过香港。

(4) 干工作不能(　　)凭热情,还要讲究工作方法。

(5) 你看,(　　)顾说话了,忘了给你倒茶。

(6) 这次旅行,(　　)是交通费就花了五千多元。

(7) 你别(　　)说那些我们不感兴趣的事。

2. 仅　仅仅　惟独

(1) (　　)两天,我们班就有十个人感冒。

(2) 别人的建议都被采纳了,(　　)我提的那个被否定了。

(3) 别的事他都办好了,(　　)买书的事给忘了。

(4) 我们(　　)是做了我们该做的,你不必那么客气。

（5）他弟弟（　　）十五岁，竟懂得四国语言。

（6）我们都爬上了山顶，（　　）小王一人因身体不好留在了山下。

（7）这次运动会，我们学校（　　）游泳一项就得了三项冠军。

二、填上合适的范围副词

（1）这个人总是（　　）说不做。

（2）严肃点儿，别（　　）开玩笑。

（3）他被公司解雇了，（　　）因为上班时间打了一个私人电话。

（4）这几年到中国留学的外国学生越来越多了，（　　）我们学校就有五百多人。

（5）小王住院了，我们几个（　　）到医院去看看他吧。

（6）节日的夜晚，广场的灯光（　　）亮了起来。

（7）今年，哥哥、姐姐（　　）都考上了大学。

（8）我（　　）都找遍了，也没找到钥匙。

（9）所有的代表都到了，（　　）主席没来。

（10）我（　　）了解局部情况，不能下结论。

（11）这么多工作，（　　）靠几个人是完不成的。

（12）我们两家离得很近，（　　）十分钟的路。

（13）教我们中文的（　　）是女老师。

（14）爸爸把旧报纸（　　）都卖了。

（15）不管去哪儿，老王（　　）得带着治心脏病的药。

（16）这本书我（　　）翻了翻，还没来得及仔细看。

（17）容易的我们已经记住了，（　　）剩下一些难记的生词了。

（18）有关股票方面的事情，我（　　）不了解。

（19）星期天我把所有的房间（　　）打扫了一遍。

（20）一个人出门在外，要（　　）小心。

（21）他的书总是（　　）乱放，房间里乱极了。

（22）这所大学（　　）有三十多个院系，近两万学生。

三、用指定词连句

例：每……都（成绩　好）

→ 我的同屋每门功课的成绩都很好。

（1）一切……都　　　　（准备工作　做好）

（2）所有的……都　　　（会　使用　电脑）

（3）什么……都　　　　（身体好　病　没有）

（4）无论……都　　　　（去　爬　香山）

（5）除了……都　　　　（下大雨　天天　跑步）

（6）除了……都　　　　（小王　别人　来）

（7）连……都　　　　　（这首歌　流行　小孩子　会唱）

（8）每……都　　　　　（有　汉英词典）

（9）不管……都　　　　（做什么　认真）

第三节 程度副词

1.3.1 很 挺 怪 太 非常 相当

（一）填空

(1) 新盖的图书馆（　　）漂亮。

(2) 节日的夜晚，天安门广场（　　）地热闹。

(3) 今天晚上的演出（　　）成功。

(4) 这个孩子长得（　　）好玩的。

(5) 这个电影（　　）有意思了！

(6) 她的房间今天收拾得（　　）干净。

（二）说明

1. 用"很"的地方一般也可以用"非常"，如例(1)(6)，区别是：

(1) "非常"表示的程度要比"很"高；

(2) "非常"后面可以用"地"或"之"，"很"不能。如例(2)，再如："风景非常地美"、"情况非常之复杂"。

2. "相当"表示的程度跟"很"差不多，一般用在形容词前。如例(3)，再如"这条路相当长"、"外面相当热"。

3. "挺"和"怪"表示的程度要比"很"轻，它们的意思基本相同，一般可以互换，如例(4)。二者的区别是：

(1) "怪"后面要用"的"，如"怪可爱的"、"怪有意思的"；"挺"后可用可不用，如"这个孩子长得挺可爱"、"这个人挺有意思"。

(2) "怪"的感情色彩要比"挺"浓。"怪"往往含有亲切、喜爱的意味，并且多用来修饰正面的、好的形容词或描写性词语;"挺"没有这种限制。如一般不说"这个人怪坏的",却说"这个人挺坏的"。有时"怪"也修饰反面的、不好的词语,这时感情色彩特别浓重,如"办出国手续真是怪麻烦的"。

4. "太"表示程度高,带有赞叹语气,多用于褒义词语前,句尾要带"了"。如例(5),再如"这儿真太美了!""你说得太好了!""太"也可用于贬义词语前,如"这儿太脏了!""那儿的生活费太贵了!",带有较强的感情色彩。

(三)小结

1. 要特别注意"挺、怪、太"的不同搭配:

挺……(的)

怪……的

太……了

2. "很、挺、怪、太、非常、相当"的区别可以简单小结如下:

	程　度	句尾用"的"	句尾用"了"	后跟"地"	感情色彩	口语	书面语
很	较高					＋	＋
非常	比"很"高			＋		＋	＋
挺	比"很"轻	(＋)				＋	
怪	比"很"轻	＋			浓	＋	
太	最高		＋		浓	＋	
相当	比较高						＋

1.3.2　极　极其　最　顶

(一)填空

(1) 大家(　　)有兴趣地观看了孩子们的表演。

(2) 这个地方的生活费(　　)贵,我得节省着花钱。

(3) 两国领导人进行了(　　)亲切友好的谈话。

(4) 昨天的网球比赛精彩(　　)了。

(5) 咱们班谁的个子(　　)高?

(6) 这种牌子的汽车(　　)快速度是每小时多少公里?

(7) 西瓜是我(　　)喜欢吃的水果。

(8)（　　）多十天我就回来。

(二) 说明

1. "极"和"极其"都表示程度最高,达到了顶点,区别是:
(1) "极其"多用于书面语,如例(3),"极"口语、书面语都用,如例(1)(2);
(2) "极其"主要修饰双音节动词或形容词,如例(3),"极"没有这个限制;
(3) "极"可以作补语,如例(4),"极其"不能。

2. "极"和"最"也都表示程度最高,达到了顶点,区别是:
(1) "最"强调程度达到极端,表示在比较中超过其余。多用来指某种属性超过同类的人或物,如例(5)(6);
(2) "最"不能作补语,"极"可以。

3. "最"和"顶"的意思基本相同,一般可以互换,如例(7)(8),区别是:
(1) "顶"多用于口语,"最"口语、书面语都用;
(2) "最+形容词"后可以直接修饰名词,如"最(×顶)大范围""最(×顶)高气温"。

(三) 小结

"极、极其、最、顶"的区别可以简单小结如下:

	书面语	口语	修饰双音节词	作补语	多指属性	加形容词后直接修饰名词
极	＋	＋		＋		
极其	＋		＋			
最	＋	＋			＋	＋
顶		＋				

1.3.3 比较　更　更加　格外

(一) 填空

(1) 骑自行车去（　　）方便。
(2) 骑自行车去比坐公共汽车（　　）方便。
(3) 我对京剧（　　）感兴趣。
(4) 希望你们能够创作出（　　）多（　　）好的作品。

(5) 老人的脾气变得（　　）古怪了。

(6) 对于别人的东西应该（　　）爱护。

(7) 这几天天气（　　）地凉爽。

(8) 她今天的打扮很特别，在晚会上（　　）地引起了大家的注意。

(二) 说明：

1. "比较"和"更"

"比较"表示具有不很高的程度，不用于否定句，也不用于比较句，如例(1)(3)。再如：

(1) 这条路比较远。

(2) 那儿的经济比较落后。

(3) 他比较喜欢吃辣的。

(4) 你们几个，谁比较能喝酒？

"更"表示程度增加，用于比较。

A. 句中有"比"字，如(一)填空中例(2)，再如：

(1) 她丈夫比她更胖。

(2) 那儿的物价比咱们这儿更高。

B. 句中没有"比"字，但包含了比较的意思，如(一)填空中例(4)，再如：

(1) 你一解释，我更不明白了。　　　　　　（比不解释）

(2) 戴上眼镜怎么反而更看不清楚了？　　　（比不戴眼镜）

2. "更"和"更加"

"更"和"更加"的意义和用法基本相同，区别是：

A. "更加"多用于书面语，"更"口语、书面语都用，如(一)填空中例(2)(4)(5)；

B. "更加"多修饰双音节词，如(一)填空中例(5)(6)，再如：

(1) 大家比以前更加关心环境污染问题。　　（带"比"字的比较句）

(2) 妻子去世以后，他的生活更加孤单了。　（不带"比"字的比较句）

3. "更加"和"格外"

"格外"表示程度超过一般，比平常进一层，有"更加"的意思。二者的区别是：

A. "格外"一般不用于带"比"字的比较句，如：

×他对待学习比以前格外刻苦认真了。

他对待学习比以前更加刻苦认真了。

B. 用"格外"的句子一般要有一定的条件出现或有表示时间的词语,而且有时后边可以跟"地"加强语气,如(一)填空中例(7)(8),再如:

(1) 星期天孩子们都回家了,父母格外高兴。　　　　　　　(有条件)
(2) 今天,天气格外冷。　　　　　　　　　　　　　　　(有时间词)

(三) 改正下列句子中有毛病的句子,并说明错误原因:

(1) 这一课生词更多。
(2) 我认为学习语法比学习口语比较重要。
(3) 比较起来,我比较喜欢流行歌曲。
(4) 我住在学校的宿舍里,生活比较方便。
(5) 他的口语能力有了更大的进步。
(6) 这个例子比那个例子格外能说明问题。
(7) 对这里的环境,你一定格外熟悉。
(8) 他本来就不善于说话,一着急,就更说不出来了。

说明:

例(1)(5)只是一般地表示程度,"更"应改为"比较";例(2)(3)是比较句,"比较"应改为"更";例(6)是带"比"字的比较句,不能用"格外"应改为"更"或"更加";例(7)没有出现条件或表示时间的词语,也不能用"格外",这是一个一般性表示程度的句子,应用"比较"或"很"。例(4)和例(8)是正确的句子,不需要改正。

(四) 练习——填空

(1) 自从生了一场病以后,他学习(　　)不认真了。
(2) 医生们都(　　)地注意营养。
(3) 老师们都来参加我们的晚会了,同学们(　　)地高兴。
(4) 这几个虚词的用法(　　)复杂。
(5) 随着生活水平的提高,人们(　　)体会到改革开放政策的好处。
(6) 这孩子今天怎么(　　)地不懂礼貌。
(7) 比较起来,这件比那件(　　)大方一点儿。
(8) 我喜欢滑冰,但(　　)喜欢滑雪。
(9) 对于你们的情况,老师还是(　　)了解的。

(10) 从此以后,大家仿佛（　　　）尊敬他。

1.3.4　稍　稍微　略微

（一）辨别正误

(1) a. 这篇文章修改了两遍以后,还是稍微长。

　　b. 这篇文章修改了两遍以后,还是稍微长了一点儿。

(2) a. 弟弟比哥哥略微有点儿高。

　　b. 弟弟比哥哥略微高一点儿。

(3) a. 今天比昨天稍微一点儿冷。

　　b. 今天比昨天稍微冷一点儿。

(4) a. 这个问题你稍微想就会明白。

　　b. 这个问题你稍微想想就会明白。

(5) a. 汽车在门口稍微停就开走了。

　　b. 汽车在门口稍微停了一会儿就开走了。

(6) a. 请稍微等,我一会儿就回来。

　　b. 请稍等,我一会儿就回来。

(7) a. 开车时,不稍微注意就会发生事故。

　　b. 开车时,稍微不注意就会发生事故。

以上七对句子,a 句都是错的,b 句是正确的。

（二）说明：

"稍、稍微、略微"的意思基本相同,都表示程度不深、数量不多、时间不长。它们的区别是,"稍"多用于单音节词语前,"略微"多用于书面语。下面我们介绍"稍微"一词经常使用的格式：

1. 稍微 ＋ 动词 ＋ 一下／一点儿／一些／一会儿

　　(1) 我要稍微休息一会儿。

　　(2) 妈妈又在汤里稍微加了一点儿盐。

2. 稍微 ＋ 动词重叠式（或动词前有"一"）

　　(1) 再稍微等等,他马上就回来。

(2) 我稍微一了解就明白了是怎么回事了。

3. 稍微 ＋ 形容词 ＋ 一点儿/一些/一会儿

(1) 这条裤子我穿稍微长了一点儿。

(2) 今天的菜都稍微咸了一点儿。

(3) 这件衣服的颜色比那件稍微深一些。

(4) 这课的生词比上一课稍微多一点儿。

注意：形容词后有"了"表示不满意、不如意；没有"了"多用于比较句中。

4. 稍微 ＋ 有点儿 ＋ 形容词

(1) 这家商店的东西稍微有点儿贵。

(2) 他讲话稍微有点儿啰嗦。

注意：这种用法也表示不满意，和"稍微 ＋ 形容词 ＋ 了 ＋ (一)点儿"相同，两个句型可以互相转换。如例(1)也可以说成"这家商店的东西稍微贵了点儿"。

5. 稍(微) ＋ 不 ＋ 形容词/动词 ＋ 就

(1) 汉语的某些虚词用法很复杂，稍不小心就会用错。

(2) 那个地方很不安全，上次我稍不注意就丢了钱包。

注意：在这种格式里，也常用"稍"，另外，可以出现在此格式中的词语仅限于"注意、小心、留神"等。

(三) 练习——改正下列病句，并说明理由

(1) 这个菜稍微一点儿辣，你能吃吗？

(2) 只要你稍微复习就能考好。

(3) 鱼做得稍微酸一点儿，估计客人不会喜欢吃。

(4) 我们稍微商量，然后告诉你结果。

(5) 他说汉语比我稍微流利了一点儿。

(6) 两本书的内容，稍微不一样。

(7) 宿舍里安了电话以后，打电话比以前稍微方便。

练 习 四

一、选择合适的程度副词与短语搭配(限用一次)

第一单元 副词

太	让人放心
挺	甜了一点儿
怪	出乎人意料了
极	让人心烦的
极其	没意思了
顶	有人情味
稍	喜欢听音乐
稍微	厌恶说假话的人
比较	闷的天气啊
多	想一想再说

二、按下列要求完成词组

1. 挺……的（　　）（　　）（　　）
2. 怪……的（　　）（　　）（　　）
3. 太……了（　　）（　　）（　　）
4. 稍微有点儿（　　）（　　）（　　）
5. 稍微＋形＋了＋一点儿（　　）（　　）（　　）

三、填合适的副词

1. 今天，天气（　　）闷热，真不舒服。
2. 最近几年，中国的经济以（　　）快的速度向前发展。
3. 比较起来，我（　　）喜欢一个人在房间里看书。
4. 对我来说，这几个虚词的用法（　　）有点儿难。
5. 虽然立秋了，可是天气还是（　　）热。
6. 这本书比那本（　　）贵一点儿。
7. 去城里，有时候骑自行车反而比坐汽车（　　）快。
8. 会谈在（　　）热烈的气氛中进行。
9. 大雨过后，天（　　）地蓝，我们的心情也（　　）地舒畅。
10. 通过这次教训，工人们（　　）认识到产品质量的重要性。
11. 这次考试小王的成绩（　　）好，得了第一名。
12. 这个报告会简直（　　）精彩了。

第四节 频率副词

1.4.1 还 再

（一）填空

(1) 都十二点了,他（　　）在学习。

(2) 我（　　）没睡够,（　　）想睡。

(3) 新疆很有意思,以后我（　　）想去一次,

(4) 没讲完不要紧,明天我（　　）来接着讲。

(5) 老师,我没听清楚,请你（　　）讲一遍。

(6) 别客气,（　　）多吃一点儿。

（二）比较

1. （　　）的基本语义是"持续",多表示从过去持续到现在（或到将来）。有"仍然"的意思；（　　）的基本语义是"重复",多用于未实现的。

(1) 这棵树没死,（　　）活着。　　　　　　　　　　（状态持续）

(2) 夜深了,他（　　）在工作。　　　　　　　　　　（动作持续）

(3) 西红柿（　　）不红,（　　）不能吃。　　　　（用"不"的否定式）

(4) 小王（　　）没回来。　　　　　　　　　　　　（用"没"的否定式）

(5) 没买到没关系,下次（　　）去。　　　　　　　　（未然的重复）

(6) 这种笔很好用,我要（　　）买一支。　　　　　　　（同上）

(7) 以后,我（　　）也不跟这种不守信用的人打交道了。

　　　　　　　　　　　　　　　　　　　　　　　　（用"不"的否定式）

2. （　　）有时也表示"重复",但句中一般要有能愿动词,并且（　　）要出现

第一单元　副　词

在能愿动词前,而(　　)一般出现在能愿动词后。

(1) 我(　　)要去一次。

(2) 我要(　　)去一次。

(3) 你身体(　　)没完全恢复,(　　)应该休息几天。

(4) 你身体(　　)没完全恢复,应该(　　)休息几天。

(5) 要是有青岛啤酒的话,我(　　)能喝两瓶,可惜没有。

(6) 要是有青岛啤酒的话,我能(　　)喝两瓶,可惜没有。

3. (　　)有时也表示"持续",和(　　)的区别是:

(　　)侧重表示说话前主观上已有某种意愿,后边常常跟"要、想"等词;

(　　)侧重表示由于客观需要,临时形成某种意愿,后边的动词不能是简单的,或为动词重叠,或带时量补语,或带其他成分。

(1) 我还有一点儿累,(　　)想躺一会儿。　　　　　　　　(侧重主观)

(2) 既然大家还都没起床,我就(　　)躺一会儿。　　　　　(侧重客观)

(3) 我们都不希望他唱了,可是他(　　)要唱。　　　　　　(侧重主观)

(4) 既然大家一再要求,我就(　　)唱一个。　　　　　　　(侧重客观)

(5) 这儿太美了,以后有机会我(　　)要来。　　　　　　　(早有意愿)

(6) 没参观完不要紧,以后有机会我(　　)来。　　　　　(临时形成的意愿)

(7) 我(　　)想想,明天告诉你们。　　　　　　　　　　　(动词重叠)

(8) 咱们(　　)研究研究,看看有没有更好的办法。　　　　(动词重叠)

(9) 我们(　　)坐十分钟就走。　　　　　　　　　　　　　(带时量补语)

(10) 让他(　　)睡一会儿吧,他太累了。　　　　　　　　　(带时量补语)

(11) 这地方太乱,没办法(　　)住下去了。　　　　　　　　(带一般补语)

(12) 你(　　)坚持自己的意见,就不太好了。　　　　　　　(带宾语)

(三) 小结

1. "还"的基本语义是表示"持续",如(二)比较1中例(1)(2);"再"的基本语义是表示"重复",如(二)比较1中例(5)(6)。

2. "还"侧重主观,常用于强调说话时已有某种意愿,如(二)比较3中例(1)(3)(5);"再"侧重客观,常用于强调由于客观需要临时产生某种意愿,如(二)比较3中例(2)(4)(6)。

3. "还"多用于已然(个别情况用于从过去一直持续到将来);"再"一般用于未然。

4．当"还"表示重复时,要出现在能愿动词前,如(二)比较2中例(1)(3)(5),"再"则出现在能愿动词后,如(二)比较2中例(2)(4)(6)。

5．当"再"表示持续时,后边的动词不能是简单的,应该是动词重叠或带补语等。

如下表：

	意 义		用 法		
	基本语义	强调重点	时态	出现在能愿动词	后跟成分
还	持续	侧重强调主观上已有某种意愿	已然	前（表重复时）	自由
再	重复	侧重强调由于客观需要临时产生某种意愿	未然	后	动词重叠带补语等（表持续时）

（四）练习——填空

(1) 我弟弟现在（　）在读大学。

(2) 事情没办成,（　）得去一次。

(3) 事情没办成,得（　）去一次。

(4) 你（　）问问他,到底发生了什么事。

(5) 都八点五分了,你怎么（　）不去上课?

(6) 别的作业都做完了,就剩下虚词课作业（　）没做完。

(7) 以后,我（　）也不抽烟了。

(8) 我（　）不明白他为什么不来参加今天的晚会。

(9) 他老骗人,我（　）也不相信他的话了。

(10) 从那以后,他（　）也没来过。

1.4.2 再 又

（一）填空

(1) 他说错了,（　）说了一遍。

(2) 你说错了,请（　）说一遍。

(3) 今天（　）下雨了,不能出去玩了。

(4) 今天（　）下雨,就（　）不能出去玩了。

(5) 参观了长城以后,我们(　　)参观了长陵、定陵。

(二) 比较

1. (　　)的基本语义是"重复";(　　)的基本语义是"添加"。

　　(1) 衣服没洗干净,得(　　)洗一遍。

　　(2) 星期天我洗了衣服,(　　)打扫了房间。

　　(3) 除了汉语课以外,我(　　)选了一门电脑课。

2. (　　)有时也表示重复,和(　　)的区别是,(　　)用于未然,(　　)用于已然;另外句中所用时间词不同、用"了"的情况不同、与能愿动词配合的情况也不同。

　　(1) 刚才小王(　　)来向我借自行车。

　　(2) 等一会儿咱们(　　)讨论这个问题。

　　(3) 这个人昨天来过,今天(　　)来了。

　　(4) 他不在,你明天(　　)来吧。

　　(5) 这个电影很好,我最近(　　)看了一遍。

　　(6) 这个电影很好,我打算(　　)看一遍。

　　(7) 文章写好以后,我(　　)认真修改了几次。

　　(8) 文章写好以后,应该(　　)认真修改几次。

　　(9) 他的病完全好了,(　　)可以和我们一起参加比赛了。

　　(10) 老师,您可以(　　)讲一次吗?

3. (　　)还可以表示确定性的重复,后边一般有"是、要、该、得(děi)、可以"等词;(　　)还可以表示假设的重复,多用于假设句中。

　　(1) 时间过得真快,明天(　　)是星期六了。

　　(2) 快开学了,哥哥(　　)要离开家了。

　　(3) 一放假,我(　　)可以天天去游泳了。

　　(4) 要是你(　　)不走,就赶不上火车了。

　　(5) 如果(　　)发烧的话,一定得去医院看病。

(三) 小结

1. "再"的基本语义是"重复","又"的基本语义是"添加"。

2. "再"用于未然的重复,假设的重复;"又"用于已然的重复,确定性的重复。

3. 用法上也有明显不同,详见下表。

	意 义		用 法		
	基本语义	用于	时间词	用"了"	出现在能愿动词
再	重复	未然的重复 假设的重复	表将来的 (明天、以后等)	不用	后
又	添加	已然的重复 确定性的重复	表过去的 (昨天、以前等)	用	前

(四) 练习——填空

(1) 这件事不着急,过几天(　　)说吧。

(2) 今天下午,老师(　　)问起了这件事。

(3) 秋天到了,树叶(　　)要落了。

(4) 我的中文还不够好,打算在中国(　　)学一年。

(5) 去年,我(　　)在中国学了一年中文。

(6) 老王,你(　　)该到医院检查身体了。

(7) (　　)过几个月,我们就毕业回国了。

(8) 要是(　　)不退烧,就该去医院打针了。

(9) 你能(　　)了解一下那儿的情况吗?

(10) 弟弟睁开眼睛看了看,翻个身(　　)睡着了。

1.4.3 又 也

(一) "也"的基本语义是"类同",可以用在前后两个小句,或者只用在后一小句。具体用法如下:

1. 主语不同,谓语相同(或主要动词相同):

(1) 你住在北京,我也住在北京。

(2) 我去了颐和园,他也去了。

(3) 风也停了,雨也停了。

2. 主语不同,谓语不同:

(4) 天亮了,风也停了。

(5) (我)饭也吃了,澡也洗了。

3. 主语相同,谓语不同:

(6) 我们一起照了相,也吃了饭。

(7) 老师也表扬了学习努力的同学,也批评了一些不好的现象。

4. 主语相同,动词相同,宾语不同:

(8) 我们学中文,也学日文。

(9) 这个商店也卖国产电视机,也卖进口电视机。

5. 主语相同,动词相同,动词的附加成分不同:

(10) 我上星期去爬了香山,(我)这星期也去了。

(11) 你的意见,我也同意,也不同意。

(二) 比较

A. 填空

(1) 妈妈从美国来看我,爸爸(　　)来了。

(2) 他昨天来了,今天(　　)来了。

(3) 昨天我去了圆明园,今天他(　　)去了。

(4) 我哥哥喜欢滑冰,(　　)喜欢游泳。

(5) 他说好这次一定来,可是(　　)没来。

(6) 小王既懂英语(　　)懂法语。

B. 说明

1. "又"和"也"的基本语义不同,"又"表示"添加","也"表示"类同"。

2. 当主语不同时,一般用"也"。如例(1)(3)。

3. 当主语相同时,有时用"又"和"也"都可以,但语义有所不同。如例(2)(6);有时只能用"也",如例(4),有时只能用"又",如例(5)。

4. "既……又……"和"既……也……"的意思基本相同,都表示同时具有两方面的性质或情况,一般可以通用,如例(6)。

(三) 练习——填空

(1) 他去年没考上大学,今年(　　)没考上。

(2) 啤酒我喜欢喝,葡萄酒我(　　)喜欢。

(3) 一个小时后,风(　　)停了,雪(　　)停了,太阳(　　)出来了。

(4) 这份试卷,张老师看了一遍,王老师(　　)看了一遍,不会错的。

(5) 你同意(　　)好,不同意(　　)好,都没关系。

(6) 这儿的环境既安静(　　)优美。

(7) 下课以后,我(　　)去图书馆看了一会儿书才回宿舍。
(8) 下课以后,小王去图书馆了,我(　　)去了。
(9) 姐姐什么外语(　　)没学过。
(10) 这件事虽然没有人告诉我,我(　　)能猜到。

1.4.4　常常　往往

(一) 填空
(1) 我(　　)去圆明园。
(2) 每逢节日或星期天,我们(　　)到外地去旅行。
(3) 她身体很不好,(　　)感冒。
(4) 他上课时很爱回答问题,但(　　)是错的。

(二) 比较

1. (　　)单纯强调动作经常出现,不一定有规律性;(　　)除了强调动作经常出现外,还是对于到目前为止出现的情况的总结,有一定的规律性。
　　(1) 他讲话常常很啰嗦。
　　(2) 他讲话往往很啰嗦。
　　(3) 这种事情常常在下雨天发生。
　　(4) 这种事情往往在下雨天发生。
　　(5) 他脾气不好,常常为一点小事就生气。
　　(6) 他脾气不好,往往为一点小事就生气。
　　(7) 初学汉语的外国学生常常感到汉字很难学。
　　(8) 初学汉语的外国学生往往感到汉字很难学。
　　(9) 现在的年轻人结婚后常常喜欢独立居住,不喜欢跟老人住在一起。
　　(10) 现在的年轻人结婚后往往喜欢独立居住,不喜欢跟老人住在一起。

2. 用(　　)的句子需要指明与动作有关的条件、情况,而(　　)不需要。
　　(1) 他(　　)来我家喝茶、聊天。
　　(2) 一到星期六晚上,他(　　)来我家喝茶、聊天。
　　(3) 我们(　　)去那家饭店吃饭。
　　(4) 每次有朋友来看我,我们(　　)去那家饭店吃饭。

(5) 小刘（　　）去湖边散步。

(6) 晚饭后,小刘（　　）去湖边散步。

(7) 我（　　）游泳。

(8) 夏天,我（　　）每天游两个小时的泳。

3.（　　）是对已出现的事物的客观叙述和总结,因此不用于主观意愿,不用于将来的事情;（　　）可用于主观意愿,可用于将来的事情。

(1) 请你以后（　　）来我家玩儿。　　　　　　　　（用于将来）

(2) 今后我一定（　　）去看你。　　　　　　　　　（用于将来）

(3) 他希望节日或星期天能（　　）到公园去玩一玩。（用于主观意愿）

(4) 节日或星期天,他（　　）到公园去玩。　　　　（用于客观叙述）

4. "常常"的否定式是"不常","往往"一般不受否定词的修饰。

(1) 你常常去卡拉OK歌厅吗？——不常去。

(2) 你们是不是常常见面？　——我们虽然住得很近,但也不常见面。

(三) 小结

"常常"和"往往"都表示情况或动作经常出现或发生,但强调的重点和使用的条件有所不同,具体区别见下表:

	强调规律性	指明有关的条件或情况	用于主观意愿	用于将来	否定式
常常	—	—	＋	＋	不常
往往	＋	＋	—	—	

(四) 练习——下面的句子对不对？不对的请改正,并请说明错误原因

(1) 我们往往在学校的咖啡馆谈话。

(2) 我往往去天津,在那儿跟朋友见面。

(3) 那条路不往往发生交通事故。

(4) 降雨多的地区,地下水常常也比较丰富。

(5) 对困难估计不足,常常是失败的开始。

1.4.5 一再 再三 屡次 来回 反复

（一）填空

(1) 老师（　　）强调,考试时千万不要着急。
(2) 小王是一名优秀的运动员,几年来（　　）打破短跑记录。
(3) 他在这次国际围棋比赛中,（　　）战胜对手。
(4) 为什么我们的实验会（　　）失败？
(5) 在我的（　　）追问下,他终于说出了真相。
(6) 我考虑（　　）,决定考医学院。
(7) 孩子们在草地上（　　）跑,玩得可高兴了。
(8) 老师上课的时候喜欢在教室里（　　）走动。
(9) 文章写好以后要（　　）看,（　　）改。
(10) 他经过（　　）思考,才作出了这个决定。

（二）小结

1. "一再、再三、屡次、来回、反复"都有"不止一次"的意思,但意义和用法又各有侧重。

2. "一再、再三、屡次"在意义上比较接近,都是"一次又一次;多次"的意思,用法上有区别。"一再、再三"后多跟与说话有关的动词[强调、邀请、嘱咐等,例(1)(5)],"屡次"后多跟一般性行为动词[打破、战胜、失败等,例(2)(3)(4)]。另外,"再三"还可以出现在动词后[例(6)],"一再"不行。

3. "来回"强调"往返多次或重复多次",后多跟"说、走、跑、飞、响"等动作动词[例(7)(8)],并且可以重叠使用(如:来来回回地走动)。

4. "反复"强调"一遍又一遍",多用于书面语,可以修饰一般性动词[例(9)(10)],也可以修饰跟说话有关的动词[例(1)],还可以重叠使用(如:反反复复地说个没完)。

具体的分别见下表:

第一单元 副 词

	基本语义	修饰行为动词	修饰跟说话有关的动词	修饰动作动词	出现在动词后	重叠使用
一再	一次又一次		+			
再三	一次又一次、多次		+		+	
屡次	一次又一次、多次	+				
来回	往返多次或重复多次			+		+
反复	一遍又一遍	+	+			+

练 习 五

一、选词填空

1. 还 再 又 也

(1) 咱们（　　）试试，也许这次能成功。

(2) 你怎么（　　）迟到了？

(3) 他从小到大一直住在北京，哪儿（　　）没去过。

(4) 你这样做，既有利于大家（　　）有利于你自己。

(5) 这儿的风景真漂亮，明年夏天我（　　）要来。

(6) 老人（　　）处于昏迷状态，（　　）没有清醒过来。

(7) 一个（　　）一个的困难都被我们克服了。

(8) 你怎么（　　）生我的气了？

(9) 你怎么（　　）生我的气呀？

(10) 这次考试我没及格，得（　　）考一次。

2. 常 常常 经常 往往

(1) 这个地区夏天（　　）下雨，很少见到太阳。

(2) 最近，他不（　　）到我这儿来。

(3) 他是一个（　　）说话不算数的人。

(4) 一遇到有朋友来北京，我（　　）请他们吃烤鸭。

(5) 这种花一年四季（　　）开。

(6) 你们俩要（　　）保持联系。

(7) 我的同屋业余时间（　　）阅读《人民日报》。

(8) 老年人的记忆力（　　）不如年轻人的。

3. 一再　再三　屡次　来回　反复
　　(1) 父母斟酌（　　），终于同意儿子一个人出国留学。
　　(2) 我们经过（　　）地研究,终于找到了解决问题的办法。
　　(3) 几年来,他（　　）得到政府的奖学金。
　　(4) 煮饺子的时候,要（　　）翻动。
　　(5) 在我们的（　　）请求下,学校同意让我们提前毕业。
　　(6) 警察经过（　　）地调查,才搞清了事故的原因。
　　(7) 我在床上（　　）翻身,就是睡不着。
　　(8) 虽然我们（　　）相逢,却始终没有说话。

二、选择最合适的词填空（一个词可以用多次）

　　　　还　再　又　也　一再　来回　反复　往往　重　重新
　　(1) 这个计划不太符合实际情况,我们打算再（　　）制定一个。
　　(2) 真正掌握好一门外语（　　）需要四五年的时间。
　　(3) 老王（　　）表示,他愿意尽一切可能帮助我们。
　　(4) 这条裤子没洗干净,得（　　）洗。
　　(5) 蚊子在头顶上（　　）飞,真烦人。
　　(6) 颐和园太美了,我（　　）要（　　）去一次。
　　(7) 这个计划是经过大家（　　）讨论之后才定下来的。
　　(8) 衣服上的这个黑点,我洗了（　　）洗,（　　）是没洗掉。
　　(9) 就是（　　）便宜,我（　　）不买。
　　(10) 我今天（　　）忘了给朋友打电话了。
　　(11) 哪怕困难（　　）大,我们（　　）一定按时完成任务。
　　(12) 你下个学期（　　）在中国学习吗?

三、根据短文,填合适的副词

　　1. 这部小说经作者修改以后,最近（　　）（　　）出版了,近期内（　　）在各大书店出售。（　　）版的小说不（　　）文字有改动,情节（　　）有一些小的变化。

　　2. （　　）学习一个国家的语言是不够的,（　　）应该学习那个国家的文化和风俗习惯,如果不了解当地的风俗,（　　）会闹笑话。

　　3. 目前,（　　）有中国的四川（　　）有大熊猫（　　）生活着,世界上别的地方（　　）（　　）找不到它了,估计大熊猫现在（　　）还有几百只。为了使大熊猫能长久地和人类（　　）共同生活在地球上,中国政府（　　）强调要特别保护大熊猫。

4. 几个世纪以来,人们（　　）以为吸烟没有任何坏处,（　　）到二十世纪五十年代,科学家们（　　）证明吸烟是很危险的事。即使你一天（　　）吸几支烟,（　　）会引起身体上某些危险的变化。

第五节　否定、肯定副词

1.5.1　不　没(有)

(一) 填空

(1) 我今天(　　)太舒服,(　　)想去上课了。
(2) 我今天(　　)太舒服,(　　)去上课。
(3) 我每天(　　)吃早饭就去上课。
(4) 我还(　　)吃早饭呢,现在有点儿饿了。
(5) 他怎么(　　)打招呼就走了?
(6) 哥哥考了三次大学都(　　)考上。

(二) 比较

A. (1)"今天下午我们去打网球,你去不去?"
　　 "不去。"　　　　　　　　　　　——否定动作
　　　　　　　　　　　　　　　　　　　用于主观意愿

(2)"下午我们去打网球了,你去没去?"
　　"我很想去,可是没时间,所以没去。"　——否定发生
　　　　　　　　　　　　　　　　　　　用于客观叙述

(3)"这本书你看完了吗?"
　　"还没看完呢。"　　　　　　　　——否定完成

B. (1) 最近,我身体(　　)太好。
(2) 这种电视机的质量真(　　)错。
(3) 我的病还(　　)好,还得休息几天。

(4) 衣服（　　）干,换一件穿吧。

(5) "那个西红柿红吗？"

"不红。" ——否定性质

(6) "那个西红柿红了吗？"

"没红。" ——否定变化的发生或完成

C. (1) 我现在不饿,（　　）吃早饭了。

(2) 天气预报说明天有雨,运动会（　　）开了。

(3) 昨天我（　　）给你打电话。

(4) 上星期我（　　）上课,去南方旅行了。

D. (1) 这个地区一年四季（　　）下雨。

(2) 我们俩（　　）常见面。

(3) 他从来（　　）抽烟、（　　）喝酒。

(4) 他从来（　　）抽过烟、（　　）喝过酒。

(5) 他既（　　）抽烟,也（　　）喝酒。

(6) 在昨天的晚会上,他既（　　）抽烟,也（　　）喝酒。

E. (1) 考试没通过的,（　　）能毕业。

(2) 你（　　）应该把这件事告诉他。

(3) 我（　　）认为这样做有什么不对。

(4) 那时,我们还（　　）认识。

(5) 因为昨天我的身体不舒服,所以（　　）能完成作业。

(三) 小结

1. "不"用于动词前表示对行为动作的否定,侧重于否定主观意愿;"没"用于动词前否定行为动作的发生或完成,侧重于客观叙述。如 A 中各例。

2. "不"用于形容词前表示对性质的否定[B 中例(1)(2)];"没"用于形容词前否定变化的发生或完成[B 中例(3)]。有些形容词前既可以用"不",又可以用"没",但是这两种否定的侧重点是不同的。用"不"是否定性质,用"没"是否定变化的完成[B 中例(4)(5)(6)]。

3. "不"主要用于现在或将来;"没"主要用于过去。如 C 中各例。

4. "不"可以用于否定经常性或习惯性的动作或状态[D 中例(1)(2)(3)(5)];"没"不可以,"没"用于否定过去某一行为动作的发生[D 中例(4)(6)]。

5. "不"可以自由否定非动作动词(能愿动词、心理活动动词等),如 E 中(1)

一(4)例;"没"却不自由,一般只可以否定"能、能够、要、肯"等少数几个能愿动词,如 E 中例(5)。

见下表:

	意义		用法		
	否定	强调	时间	经常性习惯性	非动作动词
不	动作(+V) 性质(+A)	主观	现在 将来	＋	自由
没	发生(+V/A) 完成(+V/A)	客观	过去	－	不自由

(四)下面句中带点的词都是副词,请在句中正确的位置上填"不"或"没"

A.(1)他(　)又(　)来。

　　(2)这(　)未必(　)是件好事。

　　(3)我(　)从来(　)去过西藏。

　　(4)姐姐(　)根本(　)同意这件婚事。

B.(1)我们(　)都(　)同意这个意见。

　　(2)他们(　)全(　)是大学生。

　　(3)那儿交通(　)很(　)方便。

　　(4)这个说法(　)一定(　)对。

C.(1)这次咱们收获不少,(　)白(　)来。

　　(2)还得等一会儿,我们(　)马上(　)走。

　　(3)你(　)亲眼(　)看看,不会相信这是真的。

　　(4)你们(　)一块儿(　)走吗?

说明:

否定词"不"和"没"跟其他副词一起用时,有三种情况:

1. 只能出现在其他副词后,如 A 中各例(分别为:没、不、没、不)。这是"不"和"没"跟其他副词搭配时最常见的情况。这类副词还有:才、稍微、更加、一直、永远、忽然、几乎、差点儿、简直、反正、仍然、渐渐等。

2. 既可以出现在其他副词前,又可以出现在其他副词后,但是意思不同。如 B 中各例(都填"不")。比较:

　　　他们不全是大学生。　　　(部分是)

　　　他们全不是大学生。　　　(全部不是)

　　　那儿交通不很方便。　　　(程度低)

48

那儿交通很不方便。　　　　　（程度高）

这类副词除"都、全、很、一定"外,还有"太"。

3. 只能出现在其他副词前,如 C 中各例(分别为:没、不、不、没或不)。这类副词还有:光、净、曾等。

(五) 练习——填空

(1) 我(　　)认识这个字。

(2) 他们(　　)是来参加比赛的。

(3) 他从来(　　)去舞厅跳舞。

(4) 他从来(　　)去过舞厅跳舞。

(5) 前天和昨天他都(　　)来上课,不知道今天来(　　)来。

(6) 你去隔壁看看小王今天来(　　)来上班,我有点儿事要找他。

(7) 饭还(　　)做好,还得等一会儿才能吃。

(8) 一个星期了,我一直(　　)见到他,不知道他去哪儿了。

(9) 你怎么还(　　)走,飞机可(　　)等人。

(10) 那么早起床,我很(　　)习惯。

1.5.2　未必　何必

(一) 填空

(1) 咱们是多年的朋友了,(　　)这么客气?

(2) 他们(　　)会告诉你事情的真相。

(3) 火车是下午两点的,(　　)这么着急?

(4) 我也是听说的,(　　)准确。

(5) 为这么一点儿小事生气,(　　)呢?

(6) A. 他为什么不来?真的是有事吗?
　　B. (　　)。

(二) 说明

1. "未必",是"不一定"、"也许不"的意思,表示委婉的否定,可以单独成句。如例(2)(4)(6)。

2. "何必",用反问语气表示不必要,有"为什么一定要"的意思。多用于反问句,常和"这么"、"那么"或"呢"配合使用。如例(1)(3)(5)。

1.5.3　白　白白

(一) 填空

(1) 让你(　　)跑了一趟,真不好意思。
(2) 你真是(　　)学了两年汉语,这么简单的话也听不懂。
(3) 时间一分一秒地都(　　)浪费了,真是可惜!
(4) 他这个人从来不(　　)吃别人的东西。
(5) 你买的这个录音机有毛病,咱们得去换一个,钱不能(　　)花。
(6) 他说来可又没来,我(　　)等了两个多小时。
(7) 客人临时有事不能来了,妈妈(　　)地忙碌了一下午。

(二) 说明

1. "白"

a. 表示行为没有达到预期的目的或者没有取得应有的效果。如例(1)(2)(5)(6)。

b. 表示不负代价而得到好处。如例(4)。

2. "白白"

意思基本同"白"(1),但语气稍重一些。另外:

a. "白白"后面多带双音节词,如例(3)。

b. "白白"后还可以用"地","白"不可以,如例(7)。

1.5.4　大概　大约　恐怕

(一) 填空

(1) 天这么阴,(　　)要下雨。
(2) (　　)在下午两点多钟的时候,有人打电话找过你。
(3) 这个人看上去很年轻,(　　)三十五六岁吧。

(4) 他（　　）病了,脸色这么难看。

(5) 汽车跑了（　　）五十米又停了下来。

(6) 听口音,他（　　）是广东人。

(7) 他的体重（　　）六十公斤。

(8) 事情不大好办,（　　）还得你亲自去一趟。

(9) 他被车撞成重伤,（　　）活不了几天了。

(10) 你的看法,（　　）不完全对吧。

(11) 这样做,（　　）不大好吧。

(12) 他得了严重的关节炎,（　　）再也不能像以前一样参加比赛了。

(二) 说明

1. "大概",表示有很大的可能性,多用于对一个情况的推测、判断。如例(1)(4)(6)。

2. "大约",意义基本同"大概",主要用于对数量(包括时间、年龄、长度、重量等)的大略估计,可以直接用在数量词前。如例(2)(3)(5)(7)。

3. "恐怕",有以下三种意思:

a. 表示估计、猜测,但又不很有把握,后面常有"要、能、得"等词搭配使用。如例(1)(8)。

b. 表示估计并担心,带有较强的感情色彩。如例(9)(12)。

c. 表示一种委婉的语气,句尾常有"吧"。如例(10)(11)。

(三) 比较

1. "大概"和"大约"

表示对情况的推测、估计,多用"大概";表示对数量的估计,多用"大约"。

2. "大概"和"恐怕"

a. 都可以表示对情况或现象进行推测、判断,因此有时可以在同一句中出现,如例(1)。用"大概"强调判断是根据客观情况作出的,肯定语气较重;用"恐怕"强调个人主观上的看法,因此语气较轻,带有商量口吻。

b. 强调对事物"担心"时,要用"恐怕",不用"大概"。

练 习 六

一、填"不"或"没(有)"

1. 要是你（　）了解情况，就请你（　）要乱发表意见。
2. 最近一段时间，我哪儿也（　）去，也（　）干什么事。
3. 黑板上的通知（　）可能是王老师写的，她病了，今天（　）来上班。
4. 在上次小组预赛中（　）取得前三名的就（　）能参加今天的大组比赛。
5. 在明天的预赛中，如果（　）取得前三名，就（　）能参加大组比赛。
6. 我（　）说你，你（　）要多心。
7. 上次专门请他他都（　）来，这次（　）请他，他当然更（　）会来了。
8. （　）办入学手续的同学（　）能到图书馆借书。

二、选词填空

1. （　）在上午十点多钟的时候，（　）停电了。
　　　大概　　大约　　又　　再
2. 他这一走，（　）很难（　）见面了。
　　　大约　　恐怕　　又　　再
3. 小王来电话说他有事（　）能来了，咱们（　）等了半天。
　　　不　　准　　白　　都
4. （　）看他个子（　）高，劲儿却（　）小。
　　　没　　不　　别　　白
5. 既然大家（　）同意了，我就什么都（　）说了。
　　　刚　　已经　　别　　不
6. （　）难过，他的病很快（　）会好起来的。
　　　不　　别　　才　　就
7. 弟弟（　）下定了决心，这学期（　）要得到奖学金。
　　　就　　已经　　一定　　必定
8. 他说的（　）是真的，你（　）这么认真呢？
　　　何必　　未必　　一定　　大概

三、给下面一段话填上适当的副词

　　李白是一千多年前中国有名的大诗人。他小时候（　　）好好读书，（　　）贪玩（　　）去上学。

　　一天早晨，他（　　）（　　）去上学，（　　）跑到河边玩儿去了。

　　他玩得（　　）高兴。忽然，他看见一位老奶奶在一块石头上磨一根铁棒，他（　　）走过去问：

　　"老奶奶，你磨这根铁棒做什么？"

　　"做一根针。"

　　"做针？这么粗的铁棒能磨成一根针吗？"

　　"能，能，（　　）能。今天磨（　　）成，明天（　　）磨，明天磨（　　）成，后天（　　）磨。天天坚持这样磨，（　　）粗的铁棒（　　）能磨成针。"

　　李白听了老奶奶的话（　　）惭愧。从此以后，李白努力学习，（　　）（　　）（　　）逃学了，后来，成了一位伟大的诗人。

第六节 语气副词

1.6.1 可 倒 偏(偏偏)

(一) 可

口语词

1. 用于陈述句或感叹句中,表示强调,句尾常用"了、啦、啊、呢":

A. 强调程度高,有"真的"、"确实"的意思。如:

(1) 他的汉语可好了!

(2) 雨后,空气可新鲜呢!

B. 强调急切盼望的事好不容易成功了,有"总算"、"终于"的意思。如:

(3) 你可来了,大家都在等你呢!

(4) 可到家了,我都快累死了!

C. 强调必须如此,有"一定"、"无论如何"的意思。如:

(5) 你可要注意身体啊,看你越来越瘦了。

(6) 小孩子可不能骗人啊!

2. 用于反问句中,强调反问的语气。如:

(7) 这么多生词,可怎么记得住呢?

(二) 倒

"倒"是一个比较复杂的副词,主要用于:

1. 表示某种结果与应有的结果相反,有"反而"、"反倒"的意思。如:

(1) 弟弟倒比哥哥高。

(2) 没吃药,病倒好了。

(3) 本想坐出租车节约点儿时间,没想到塞车,倒多走了半个小时。

2. 表示不以为然,多用于动词和结构助词"得"之后。如:

(4) 你想得倒好,事情没那么简单。

(5) 说得倒轻松,你自己去试试看。

3. 表示转折,语义较轻,有"却"的意思,多用于后一个分句的开头。如:

(6) 这些家具式样很一般,倒都很结实。

(7) 文章写得不长,倒很能说明问题。

4. 表示让步,后一分句常用"就是"、"不过"等呼应。如:

(8) 我倒是很想和你一起去,就是没时间。

(9) 今天晚上我倒没什么事,不过我不想出去玩,想在家休息休息。

(三) 偏(偏偏)

1. 表示客观事实与主观愿望正好相反。如:

(1) 我们正准备出发,老天偏下起了大雨。

(2) 我们好容易才找到了那家书店,偏赶上书店因故提前关门,真气人。

2. 表示主观上故意跟客观要求相反或故意跟人作对。如:

(3) 司机不能酒后开车,可是他偏开。

(4) 她不听妈妈的话,偏要和一个比她小十岁的男人结婚。

(四) 练习——填"可"、"倒"、"偏"、"却"

(1) 已经告诉了你这种药应该饭前吃,你怎么(　　)饭后吃呢?

(2) 那家商店的东西(　　)便宜啦!

(3) 你(　　)千万要按时来啊!

(4) 他们夫妻俩都长相一般,女儿(　　)长得十分漂亮。

(5) 这所房子条件(　　)很好,就是房租太贵。

(6) 雨(　　)停了,咱们快出去活动活动吧。

(7) 你说得(　　)容易,做起来麻烦着呢。

(8) 我们需要一个懂法语的人,可是我们之中(　　)没有一个人会法语。

(9) 小王学习一直不太努力,可是考试成绩(　　)挺不错的。

1.6.2 到底 究竟 毕竟

(一) 到底

1. 表示追究,有"究竟"的意思。如:

A. 用于疑问句中:

(1) 咱们到底去哪儿?

(2) 你到底同意不同意?

B. 用于有疑问词的非疑问句中:

(3) 我想知道她到底为什么没去开会。

(4) 大家都不告诉我她到底去哪儿了。

2. 表示经过某种过程以后最终出现的情况,有"终于"的意思,用于已经完成的动作或状态。如:

(5) 经过大家反复的讨论、研究,问题到底解决了。

(6) 她忍了半天,到底还是流下眼泪来。

3. 强调某种原因或特点,接着说明由此而出现的情况或产生的结果,有"毕竟"的意思。如:

(7) 到底是春天了,天气一天比一天暖和起来。

(8) 他到底年轻,身体很快就恢复了。

(二) 究竟

1. 表示追究,同"到底"1。如:

(1) 你究竟有没有把握?

(2) 究竟什么事使你这么伤心?

(3) 我不了解她这样做究竟是为了什么。

2. 强调事物的原因或特点,有"毕竟"、"到底是"的意思,多用于含有评价意义的陈述句。如:

(4) 孩子究竟还小,理解不了大人此时的复杂心情。

(5) 她究竟是一位历史学教授,对这一段的历史分析得这么透彻。

(三) 毕竟

1. 强调事物的本质或特点,跟"到底"3、"究竟"2 基本相同,多用于书面语。如:

(1) 中国的经济毕竟还不太发达,教育也还比较落后。

　　(2) 学生毕竟是学生,主要任务就是学习。

　2. 表示某种情况或结果经过一定的过程,最后终于出现了,同"到底"2,多用于书面语。如：

　　(3) 虽然这是大家所不愿看到的,但是悲剧毕竟还是发生了。

　　(4) 她目前还不能完全自理,然而生命垂危的日子毕竟过去了。

（四）比较

"到底"、"究竟"和"毕竟"的用法互相交错,简单概括如下：

	表示追究	表示最终出现的情况	强调原因或特点
到底	＋	＋	＋
究竟	＋		＋ （多用于评价意义）
毕竟		＋ （多用于书面语）	＋ （多用于书面语）

（五）练习——辨别正误

(1) A. 那儿的条件究竟好不好吗？

　　B. 那儿的条件究竟好不好？

(2) A. 到底什么才是你真正需要的？

　　B. 什么到底才是你真正需要的？

(3) A. 我想了一会儿,到底还是给她打了电话。

　　B. 我想了一会儿,还是到底给她打了电话。

(4) A. 第一次来中国,究竟生活上处处都不太习惯。

　　B. 究竟是第一次来中国,生活上处处都不太习惯。

(5) A. 北京毕竟是首都,各方面都建设得不错。

　　B. 北京毕竟是首都,各方面都建设得不好。

(6) A. 我不明白为什么她究竟哭。

　　B. 我不明白她究竟为什么哭。

(7) A. 吃了几副中药以后,感冒到底好起来了。

　　B. 吃了几副中药以后,到底感冒好起来了。

1.6.3 居然　竟然(竟)　果然

(一) 居然

表示事情超出常理，出乎意料。可以用于：

A. 不容易做到的事或不可能做到的事竟然做到了，指好的方面。如：

(1) 一个农村办的小工厂，居然能生产出这么好的产品，真不简单。

(2) 真令人吃惊，才一年的功夫，你的汉语居然能说得这么好。

B. 不应该发生的事发生了，指不好方面。如：

(3) 已经是大学生了，居然还做出这么不讲道德的事。

(4) 你居然敢酒后开车，真不像话！

(二) 竟然　竟

"竟然"，跟"居然"的意义和用法基本相同。

"竟"与"竟然"的区别是：

1. 意思同"居然"、"竟然"，但其后多跟单音节词。如：

(1) 我真糊涂，考试的时候竟忘了写名字。

(2) 这么重要的会议，总经理竟未出席。

2. 表示程度加深，更进一步，有"终于"、"以至于"的意思。如：

(3) 听到伤心之处，老人竟忍不住泪流满面。

(三) 果然

表示与所说的和所预料的相符，有"真的"、"确实"的意思。句中要有一句说明情况的话。如：

(1) 果然如你所说，他们俩结婚不到半年就又离婚了。

(2) 吃了这种药以后，妈妈的病果然好了。

(四) 练习——填空

(1) 她答应我一定来参加运动会的开幕式，(　　)没来。

(2) 她答应我一定出席这个会议，(　　)来了。

(3) 刚才天还那么晴，现在(　　)下起了大雨。

(4) 天气预报说下午有雨，(　　)，吃过午饭不久，就下起了大雨。

(5) 大家都说这课树已经死了,可是它(　　)又活了,长出了新叶子。
(6) 他身体不好,经常请假不能上班,最近(　　)病得起不了床了。
(7) 小王(　　)不辜负大家的期望,获得了跳高第一名。
(8) 这个人(　　)小气得连一杯咖啡也不舍得喝。
(9) 大家都以为他会反对,谁知他(　　)表同意。
(10) 大家都以为他会反对,谁知他(　　)表示同意。
(11) 你(　　)不相信父母的话!
(12) 他(　　)敢骗我,真不像话!

1.6.4　幸亏　反正　简直

(一) 填空

(1) (　　)有你帮助,才很快打扫完了房间。
(2) (　　)我现在没事,可以和你一起打扫房间。
(3) 他唱歌(　　)难听极了。
(4) 这个星期我(　　)忙得要死了。
(5) 无论天气怎么样,(　　)我一定要去。
(6) (　　)我们带了护照,否则买不了飞机票。
(7) 他的汉语说得(　　)跟中国人一样。
(8) 你说的(　　)叫人无法相信。
(9) 今天全天停水停电,(　　)我早有准备。
(10) 我(　　)不知道他在说些什么。
(11) 他不是在走,(　　)是在跑。
(12) 去不去你自己决定,(　　)车票已经买来了。
(13) (　　)我复习得全面,要不然考试一定不及格。
(14) 汽车一辆接一辆,(　　)没有个完。

(二) 幸亏

1. 意义和用法

指由于偶然出现某种有利条件而避免了不好的后果或带来某种有利条件。常用的句型是:

A. 幸亏……,才……

(1) 幸亏带了雨伞,才没被雨淋着。

(2) 幸亏司机熟悉那条路,才很快找到了那个地方。

B. 幸亏……,否则／不然／要不然……

(3) 幸亏你早通知了我今天的会不开了,否则我得白跑一趟。

(4) 幸亏抢救及时,不然病人会有生命危险。

C. ……(指突然发生的不好的情况),幸亏……

(5) 昨天我丢了钱包,幸亏里面没有多少钱。

(6) 奶奶走路不小心摔了一跤,幸亏没摔伤。

2. 练习

把下列句子改写成使用"幸亏"的句子。

如：我们带了地图,没有迷路。

⇒幸亏我们带了地图,才没有迷路。

(1) 你提醒我,我没忘。

(2) 有你帮助,我买不到火车票。

(3) 事先打了电话,我找不到你的家。

(4) 他病得很严重,及时送到医院抢救。

(5) 出发得早,赶上了火车。

(6) 穿了大衣,这么冷的天会感冒。

(7) 带了护照,住进了旅馆。

(8) 雨下得不大,大家都得淋湿了。

(三) 反正

1. 意义和用法

A. 强调在任何情况下都不会改变结论或结果,常和"无论、不管"等搭配使用,"反正"用在后一小句,句型是：

"(无论)……,反正……",如：

(1) 无论你们同意不同意,反正我是要去的。

(2) 老张来不来不一定,反正老王会来。

B. 强调某种情况或原因,再进一步说明自己的意见和主张,常和"就、可以"等配合使用,"反正"用在前一小句,句型是：

"反正……,就／可以……",如：

(3) 反正时间还早,就多坐一会儿吧。

(4) 反正我们都懂英语,你可以用英语解释。

2. 练习——改正下列病句

(1) 你用汉语说,用英语说,反正我听不懂。

(2) 学英语还是学日语,反正都得花精力努力去学。

(3) 不管天气很好,反正我都不去。

(4) 反正颐和园你已经去过了,就你留下来陪陪我吧。

(5) 我反正要去邮局,可以我替你寄信。

(6) 反正今天没有作业,咱们多玩一会儿。

(四) 简直

1. 意义和用法

"简直"强调完全如此或差不多如此,有较强的夸张语气。主要出现在下列格式里:

A. 用在比喻句中:

(1) 这幅画简直像真的一样。

(2) 他简直像发了疯似的,一下子扑倒在老人身上。

B. 用在"得"字句中:

(3) 我简直累得吃不下饭去。

(4) 这儿的物价简直贵得没法说。

C. 用在"是"字句中:

(5) 这简直是一个奇迹。

(6) 你简直是胡说八道。

D. 用在有"让、使、令"等表示使令意义的句子里:

(7) 这简直让人难以相信。

(8) 他的话简直使每一个人都吃惊。

E. 用在形容词前,形容词后要有"极／坏／死／透＋了":

(9) 他的汉语简直好极了!

(10) 这个人简直坏透了。

F. 用在否定词"不／没"前:

(11) 我简直不知道该怎么办。

(12) 我们简直没办法相信他的话。

G. 其他用法：

(13) 你对我简直太好了！

(14) 有关他的笑话太多了,简直说也说不完。

2. 练习

把下列句子改写成使用"简直"的句子。

如：听到这个消息,大家都非常高兴。

⇒听到这个消息,大家高兴得简直要跳起来。

(1) 他画的画非常难看。

(2) 那儿的交通很方便。

(3) 我很忙,没有空回家。

(4) 这儿的风景很美,跟桂林的山水差不多。

(5) 你这样做不对,是在欺骗顾客。

(6) 天气这么好有点儿像春天。

(7) 来听讲演的人很多,教室里快坐不下了。

(8) 我不敢相信这种话是从他嘴里讲出来的。

练 习 七

一、选词填空

1. 难道 究竟 毕竟 到底

(1) 今天晚上（　　）有没有足球比赛？

(2) 你（　　）不知道这件事吗？

(3) （　　）是大学生,懂的事情可真多。

(4) 中国（　　）还是发展中国家,经济上还不能和发达国家相比。

(5) 别人能做到的事,（　　）你就做不到吗？

(6) 谁也说不清楚世界上（　　）有没有外星人。

2. 简直 反正 居然 幸亏

(1) 不管你们怎么说,（　　）我不会承认。

(2) 我（　　）不能相信他能考上北京大学。

(3) （　　）早得到消息,才不至于白跑一趟。

(4) 我的同屋汉语说得好极了,（　　）听不出是外国人。

(5) （　　）已经迟到了,就别着急了。

(6) 声音太小了,(　　)听不清楚。

(7) 学习了五年汉语,(　　)不认识"略微"两个字,(　　)叫人无法相信。

3.　　几乎　差点儿　偏偏　倒

(1) 我们班(　　)每一个人都去过西安。

(2) 你说得(　　)容易,你自己试试看,挺麻烦的。

(3) 大家都同意了,(　　)他一个人不同意。

(4) 真危险呀!(　　)两辆车就撞上了。

(5) 你这么一说,我(　　)有点儿不好意思了。

(6) 爸爸的胃不好,却(　　)喜欢喝酒。

(7) 这种电视机虽然是小工厂生产的,质量(　　)是挺不错的。

(8) 昨天路上塞车,我(　　)没赶上飞机。

二、选词填空

1. 谁(　　)这么说,(　　)谁见过呢?
　　　　都　却　可　倒

2. 自己(　　)说过的话(　　)会不承认。
　　　马上　刚　居然　果然

3. 我们俩多年(　　)见,没想到(　　)在车上相遇。
　　　　别　没　竟然　幸亏

4. 他说下午来,(　　)刚吃完午饭他(　　)到了。
　　　居然　果然　才　就

5. (　　)有一位热心人帮助我,我(　　)很顺利地找到这家旅馆。
　　　到底　幸亏　才　就

6. 这部电影内容(　　)怎么样,摄影(　　)非常漂亮。
　　　　不　没　却　偏

7. 你们(　　)让我去,我(　　)要去。
　　　　不　没　却　偏

8. 我有急事找他,(　　)几次打电话他(　　)不在家。
　　　　倒　偏　就　都

9. 房间(　　)大,(　　)很舒服。
　　　　很　不　却　偏

第七节　方式、情态副词

1.7.1　逐步　逐渐　渐渐

（一）说明

A. 意义上

"逐步、逐渐、渐渐"意义上的共同点是都表示行为动作或状态慢慢地变化，区别是：

1. "逐步"强调有意识、有步骤地，一步一步地人为地使之变化；"逐渐"和"渐渐"强调随时间变化而变化，多修饰一些自然现象，侧重于自然而然的变化。

2. "逐渐"侧重在一定基础上出现的慢慢变化；"渐渐"侧重于新产生的、从无到有的变化。当这种区别不明显的时候，用"逐渐"和"渐渐"都可以。

B. 用法上

"逐步"只能修饰动词性成分，"逐渐"和"渐渐"除了修饰动词性成分外，还可以修饰形容词，也可以出现在句首。出现在句首时，后面常常跟"地"。它们的区别如下表：

	意　义　上		用　法　上		
	强调有意识、有步骤的使其变化	强调自然而然的变化	+动词	+形容词	句首
逐步	+		+		
逐渐		+（在一定基础上）	+	+	+
渐渐		+（从无到有）	+	+	+

(二) 练习——填空

　　(1) 太阳(　　)从地平线升起来了。

　　(2) 听着妈妈的歌声,孩子(　　)地睡着了。

　　(3) 清明节以后,天气(　　)暖和了。

　　(4) 在共同的工作中,他们俩(　　)产生了感情。

　　(5) 在共同的工作中,他们俩的感情(　　)加深了。

　　(6) 一声长鸣,火车(　　)离开站台,向远方奔去。

　　(7) 火车开动了,(　　)远去,最后消失在我们的视野之中。

　　(8) 经过一段时间的休息,她的身体(　　)恢复了。

　　(9) (　　)地,我被电影的故事情节吸引住了。

　　(10) 要在发展生产的基础上,(　　)提高人民的生活水平。

　　(11) 新厂长来了以后,工作(　　)开展起来了。

　　(12) 对于新事物的出现,人们总有一个(　　)认识的过程。

1.7.2　亲自　亲手　亲笔　亲口　亲眼

(一) 说明

这五个词的共同点是都强调自己去做某事,但又各有侧重,具体如下:

1. 亲自:强调由于重视而自己去直接做;

2. 亲手:强调用自己的手(做);

3. 亲笔:强调亲自动笔(写);

4. 亲口:强调(话)出于本人的嘴;

5. 亲眼:强调用自己的眼睛(看)。

(二) 练习——填空

　　(1) 这是清代皇帝(　　)写下的大字。

　　(2) 那年,我们(　　)栽种的小树,如今已长成十多米高的大树了。

　　(3) 大家(　　)目睹了这场交通事故的全过程。

　　(4) 市长(　　)来参加了这所小学的开学典礼。

　　(5) 这个消息是她(　　)告诉我的。

　　(6) 你要是不相信,可以(　　)去问他。

(7) 你一定要（　　）把这封信交给他。
(8) 老校长为我们的展览会（　　）题词。
(9) 吃着自己（　　）种的西红柿,大家的心里有说不出的高兴。
(10) 他已经（　　）承认是他把这个消息透露出去的。
(11) 妈妈一定要（　　）看到我才放心。
(12) 今天下午,总经理要（　　）到飞机场去迎接日本客人。
(13) 这件毛衣是他女朋友（　　）为他织的。
(14) 为了欢迎远道来的客人,爸爸（　　）下厨房做菜。

1.7.3 特地　特意　专程

（一）说明

1. 特地：表示为一专门目的而做某事,或由于重视而做某事；
2. 特意：同"特地",但更强调主观意愿；
3. 专程：表示为做某事而去某地。

（二）练习——填空

(1) 在参观之前,老师（　　）给同学们介绍了这座博物馆的来历。
(2) 为了让女朋友高兴,他（　　）带上了她送的那条领带。
(3) 我是（　　）到你家来请你的,请一定抽空来参加我们的联欢晚会。
(4) 妈妈（　　）从日本来到北京,参加我的毕业典礼。
(5) 我知道你不吃肉,所以（　　）为你包了素馅儿饺子。
(6) 校长在会上（　　）强调了学习外语的重要性。
(7) 市长（　　）去医院看望了在地震中受伤的群众。
(8) 为了让大家过好春节,商场（　　）从全国各地调进许多节日商品。

1.7.4 不禁

（一）说明

"不禁"表示不由自主、情不自禁(产生某种感情、做出某种行动)。

用法上的要求是：

1. 在"不禁"前，要先说明情况或原因；
2. "不禁"的后面不能只跟单个动词，经常是：

a. 动词词组：

(1) 看到眼前的景色，我不禁回忆起大学时代的生活。

(2) 通过一段时间的接触，她不禁对他产生了爱情。

b. 主谓词组：

(3) 看到女儿病成那样，妈妈不禁心里着急。

(4) 听到大家谈论自己的婚事，她不禁满脸通红。

c. 带有"起来、下去"等表示趋向的词语：

(5) 听他一说，大家不禁哈哈大笑起来。

(6) 听到这个不幸的消息，我不禁掉下泪来。

(二) 练习——把下列句子改写成使用"不禁"的句子

(1) 汽车在他身边突然停下，他大吃一惊。

(2) 看到这么出色的表演，观众们鼓掌。

(3) 听完儿子的解释，妈妈高兴。

(4) 看到有意思的地方，我笑。

(5) 听到父亲去世的消息，他哭。

练 习 八

一、在括号里填合适的副词

   逐步 逐渐 不禁 亲手 亲自 亲眼 专程 特意 终于

1. 听到这个好消息，屋子里的人都（　　）哈哈大笑起来。
2. 我知道他喜欢水果，所以（　　）买了这些苹果和桃儿。
3. 这些西红柿都是我们（　　）从菜地里摘的。
4. 冬天（　　）过去了，天气也（　　）暖和了。
5. 新建立的制度要（　　）完善起来。
6. 这么点小事，何必你（　　）去呢？
7. 为参加这个会议，总经理（　　）飞到了东京。
8. 这些都是我（　　）所见，错不了。

二、改正病句,并说明错误原因

　　1. 昨天一共我们买了二十本书。

　　2. 这几天天气很不正常,都同学们感冒。

　　3. 女同学们一概穿着白衬衫、花裙子。

　　4. 假期里都你准备干什么?

　　5. 银行今天没开门了。

　　6. 我的同屋病了,不上课,在宿舍休息。

　　7. 这次考试我准备得不好,大约没及格了。

　　8. 来参加姐姐婚礼的人真不少,恐怕有一百多人。

　　9. 昨天我们参观了颐和园,颐和园的风景一定太漂亮了。

　　10. 来中国以后,我的体重正在增加。

三、根据意思,给下列短文填上合适的副词

　　1. 春节是中国传统节日中(　　)重要的一个,习俗(　　)多。比如,春节前,(　　)家家(　　)要打扫房子,而且(　　)是全家人(　　)动手;家家(　　)要买很多食品,做很多菜。三十晚上全家人要团聚,(　　)吃饺子,十二点的时候,(　　)要放鞭炮。有些传统习俗今天(　　)消失了,有的却(　　)流传到现在。

　　2. 在中国,普通老百姓上下班不是骑自行车就是坐公共汽车。骑自行车的(　　)大好处就是(　　)会塞车,时间(　　)自由,(　　)可以锻炼身体。不过,天气不好的时候,比如刮风、下雨什么的,(　　)(　　)麻烦了,虽然可以穿雨衣,但(　　)是(　　)会被淋湿。所以,遇到刮风天、下雨天,人们(　　)(　　)(　　)骑自行车了,而去坐公共汽车或者坐地铁。

　　3. 星期天上午我去参观了美术馆,然后(　　)去了景山公园。没想到在景山公园里我碰到了我们班的一个同学,她(　　)到景山公园去了。我们一起在公园里逛了一会儿,我提议去吃午饭。她说,时间(　　)早,多玩一会(　　)去。于是我们(　　)去了一家商店。商店里的东西真多,她买了一条围巾,(　　)买了一顶帽子。那帽子很漂亮,我(　　)买了一顶。我(　　)想(　　)买一副手套,可是钱不多了,只好不买。售货员说:"下星期(　　)来吧,这种手套(　　)有。"

第二单元　介　　词

介 词 概 述

现代汉语里的介词大部分是由古代汉语里的动词演变而来的,如"把、在、向、朝、往、给、为、替……"等,许多至今还保留着动词的用法,比如:

　　他在教室。　　　　　　　　　动词
　　他在教室学习。　　　　　　　介词
　　去打个电话吧!　　　　　　　动词
　　打昨天晚上起,雨就一直下个不停。　介词
　　别老跟着我!　　　　　　　　动词
　　我想跟你说点儿事。　　　　　介词

2.0.1 介词的作用

（一）下面句子中带点的词都是介词,试着归纳出它们在语义上的不同作用。
　　（1）我们从昨天起正式放暑假了。
　　（2）自从来到北京,他的身体一直不太好。
　　（3）我在大学的时候,学过两年西班牙文。
　　（4）你们都在北京学习中文吗?
　　（5）哥哥毕业于一所有名的医学院。
　　（6）由这儿一直往前走就到邮局了。
　　（7）图书馆的大门朝东开。

(8) 本次列车开往广州。

(9) 老王每天早上沿着湖边跑步。

(10) 这件事我们已经和他商量过了。

(11) 这位售货员对顾客非常热情。

(12) 爸爸比妈妈大五岁。

(13) 这本字典是按什么排列的?

(14) 根据同学们的要求,老师修改了教学计划。

(15) 做工作只凭热情是不够的。

(16) 为了学习汉语,我们来到中国。

(17) 大家都为小王的进步而感到高兴。

(18) 由于身体原因,妈妈提前退休了。

上述18个句子中各有一个介词,它们的作用可以归纳为:

  1. 引出时间:从、自从、在　　　　[例(1)—(3)]

  2. 引出处所:在、于、由　　　　　[例(4)—(6)]

  3. 引出方向:朝、往、沿着　　　　[例(7)—(9)]

  4. 引出对象:和、对、比　　　　　[例(10)—(12)]

  5. 引出凭借或依据:按、根据、凭　[例(13)—(15)]

  6. 引出原因、目的:为了、为、由于[例(16)—(18)]

(二) 常用介词列举:

1. 引出时间的介词:

    从　自　自从

    在　于

    由　当　打

    离　距

2. 引出处所的介词:

    从　自

    在　于

    由　打

    离　距

3. 引出方向的介词:

朝　向　往

沿　沿着　顺　顺着

4. 引出对象的介词：

和　跟　同　与

把　将

被　叫　让

对　对于　关于

给　为　替

朝　向

比

就　连　除了　除

5. 引出凭借、依据的介词：

按　按照

依　依照

照　据　根据

以　凭　由　拿

趁

6. 引出原因、目的的介词：

为了　为

由于　由　以

2.0.2 介词的基本特点和语法功能

（一）介词的基本特点

1. 介词不能单说，也不能单独作句子成分，它必须先与一个别的成分（名词、代词、各种短语等）组成介词短语，然后才能自由运用。如：

(1) 小王每天都在图书馆看书。　　　　　　　　　（后跟名词）

(2) 他对我点了点头。　　　　　　　　　　　　　（后跟代词）

(3) 汽车由远而近，慢慢开过来了。　　　　　　　（后跟形容词）

(4) 关于考试的问题，老师还没有跟我们讲。　　　（后跟名词短语）

(5) 他对于工作已经从不太认真渐渐变得比较认真。（后跟形容词短语）

(6) 今天上午除了洗衣服,什么也没干。　　　　　　（后跟动词短语）
　　(7) 据医生说,这种病很容易治疗。　　　　　　　　（后跟主谓短语）
　　(8) 趁我不注意,小偷偷了我的钱包。　　　　　　　（后跟主谓短语）

2. 大部分介词都只有一个作用,如"把",引出对象;"按",引出依据。但是,有的介词却可以具有两个或两个以上的作用,如:

　　为：　为顾客服务　　　　　　　　　（引出对象）
　　　　　为写论文而找资料　　　　　　（引出目的）
　　朝：　朝东走　　　　　　　　　　　（引出方向）
　　　　　他朝我看了一眼。　　　　　　（引出对象）
　　从：　从昨天起,他戒烟了。　　　　（引出时间）
　　　　　他已经从上海回来了。　　　　（引出处所）
　　　　　从声音判断,他是一个南方人。　（引出凭借的根据）

具有两个或两个以上的作用的介词除上边所举出的以外,还有以下一些:

　　　　自——引出时间、处所
　　　　在——引出时间、处所
　　　　于——引出时间、处所
　　　　由——引出时间、处所、依据、原因
　　　　打——引出时间、处所
　　　　离——引出时间、处所
　　　　距——引出时间、处所
　　　　向——引出方向、对象

由于介词具有以上特点,因此在下文中,当我们讨论到上述介词的某方面作用时,也兼及到这个介词的其他用法。

（二）介词短语的语法功能

1. 出现在动词前作状语

　　这是介词短语的主要语法功能。例如:
　　(1) 我的自行车让小王借走了。　　　　　　　　　　（引出对象）
　　(2) 我给你们介绍一下这儿的情况。　　　　　　　　（引出对象）
　　(3) 你打哪儿买的这辆旧自行车?　　　　　　　　　（引出处所）
　　(4) 他自小就喜欢帮助别人。　　　　　　　　　　　（引出时间）

（5）九大行星以太阳为中心。 （引出依据）

（6）就照你的意见办吧。 （引出依据）

（7）往前看，别回头。 （引出方向）

（8）为我们的友谊干杯！ （引出目的）

2. 出现在动词后作补语

能组成介词短语作补语的介词主要有"于、向、往、自、在"。例如：

（1）鲁迅先生生于1918年。 （引出时间）

（2）这条小路通向海边。 （引出方向）

（3）这封信是寄往国外的。 （引出方向）

（4）我们班的同学来自世界各地。 （引出处所）

（5）信放在桌子上了。 （引出处所）

3. 出现在名词前作定语

介词短语作定语时，与所修饰的名词之间要加上"的"。例如：

（1）请你谈谈对这个问题的看法。 （引出对象）

（2）我们现在正在讨论关于暑假旅行的事。 （引出对象）

4. 出现在动词"是"后作宾语

能出现在"是"后的介词短语很少，只有"为了……"、"在……"。例如：

（1）我这样做完全是为了你。 （引出原因）

（2）我们俩第一次见面是在一次舞会上。 （引出处所）

练 习 九

一、选择合适的搭配（限用一次）

	介词	介词宾语	动词性词语
1.	在	大桥上	进来
	从	宿舍	开过去
	由	外边	看电视
2.	沿	你	差不多
	跟	哪儿	望了一眼
	打	小路	散步
	往	窗外	来

3.
对	姐姐	打了
把	我	喝光了
被	坏人	摆摆手
比	酒	漂亮

二、选词填空（限用一次）

把　往　同　对　比　在　由　自　自从　于
趁　沿　连　以　给　凭　为　据　照

1.（　　）这条路一直（　　）西走，就到我们学校了。

2. 这篇文章是我（　　）小王共同完成的。

3. 我觉得写毛笔字（　　）写钢笔字要难一些。

4.（　　）了解，这个地区的文盲约占总人口的百分之二十。

5. 阳光斜射（　　）水面上，十分漂亮。

6. 弟弟（　　）感冒引起了肺炎。

7. 咱们就（　　）你说的办吧。

8.（　　）实行了改革开放政策以后，这里的面貌发生了巨大的变化。

9. 他来（　　）北方的一座小城市。

10. 妈妈（　　）自己的一生都献给了新闻事业。

11. 饺子刚煮好，快（　　）热吃吧。

12. 这种水果可以（　　）皮一起吃吗？

13. 我（　　）自己的双手劳动、挣钱、吃饭。

14. 市长（　　）普通人的身份坐公共汽车上下班。

15. 别（　　）我担心，我会好好照顾自己的。

16. 护士（　　）病人打了一针止疼针。

17. 大家（　　）比赛情况都十分关心。

18. 最近我一直在忙（　　）申请出国留学的事，所以没时间和你联系。

第一节　引出时间、处所、方向的介词

2.1.1　从　自　自从

（一）从

"从"在引出行为动作发生的时间、处所时，主要表现为介绍出时间、处所的起点，此外，"从"还有一些其他用法。

1. 表示起点

　　A. 指时间，后多跟时间词

　　　　（1）从前天起，学校开始实行了新的作息时间。　　　　（用于过去）

　　　　（2）从今以后，再也不吸烟了。　　　　　　　　　　　（用于现在）

　　　　（3）从明天起，我要天天早起锻炼身体。　　　　　　　（用于将来）

　　B. 指处所、来源，后多跟处所词

　　　　（4）他从书包里拿出一本书。　　　　　　　　　　　　（指处所）

　　　　（5）这个消息从他那儿来。　　　　　　　　　　　　　（指来源）

　　C. 指发展变化，后多跟名词、动词

　　　　（6）从外行变成内行。　　　　　　　　　　　　　　　（后跟名词）

　　　　（7）他们俩从认识到结婚，只有两个月的时间。　　　　（后跟动词）

　　　　（8）对于中国，我已经从不太了解到比较了解。　　　（后跟动词短语）

2. 表示范围

　　多用于"从……到……"格式中

　　　　（9）这本书我从头到尾仔细看了一遍。

　　　　（10）从小孩到大人都喜欢这个电影。

3. 表示经过的路线

(11) 一辆出租汽车从医院门口开过去了。

(12) 从这条小路走,可以到山顶。

4. 表示凭借、依据

(13) 从外表看,他不过三十多岁。

(14) 从他的话中可以得出这个结论。

(二)自

"自"只表示起点。

1. 指时间,同"从"

(1) 自去年起,中小学实行了新的教育政策。　　　　　(用于过去)

(2) 本合同自今日起生效。　　　　　　　　　　　　(用于现在)

(3) 自明年起,人民币可以自由兑换外币。　　　　　　(用于将来)

2. 指处所

A. 用于动词前,同"从"

(4) 本次列车自北京开往上海。

(5) 夜空中,一架飞机自南而北,最后消失在黑暗之中。

B. 用于动词后,限于"来、选、抄、摘、引……"等少数单音节动词后:

(6) 参加比赛的运动员来自全国各地。

(7) 这篇小说选自鲁迅全集。

(三)自从

"自从"只表示起点,只指时间,只用于过去。后多跟表示行为动作的短语,或跟"……以来"、"……以后"等表示时间的短语。

(1) 自从买了自行车,就不用天天挤公共汽车了。　　　(跟动词短语)

(2) 自从来到中国,我们已经去过十几个城市了。　　　(跟动词短语)

(3) 自从一九八五年以来,这个村子家家有了电视机。　(有"以来")

(4) 自从五月份以后,爷爷一直住在医院里。　　　　　(有"以后")

(四)小结

1. "从"的用法很多,可以表示起点、表示范围、表示经过的路及表示凭借、依据。"自"和"自从"只表示起点。

2. "从"可以表示时间的起点、处所的起点和发展变化的起点。"自"可以表示时间的起点和处所的起点。"自从"只表示时间的起点。

3. 在表示处所的起点时,"自"可以用于动词前,也可以用于动词后;"从"只能用于动词前。

4. 在表示时间的起点时,"从"和"自"既可以用于过去,又可以用于现在和将来,"自从"只可以用于过去。并且,它们后边所跟成分也有所不同,"从"和"自"后多跟名词性成分。"自从"后常跟动词性成分,如果跟名词性成分时,多与"以来"、"以后"搭配使用。

见下表:

	表示起点					发展变化	表示范围	表示经过路线	表示凭借依据
	时间			处所					
	过去		现在将来	V前	V后				
	跟N	跟V							
从	+		+	+		+	+	+	+
自	+		+	+	+				
自从	+（以后,以来）	+							

（五）练习——填空

(1)（　　）老师到学生都不认识这个字。

(2)（　　）现在起,我们不再讨论这件事了。

(3) 这段话是摘（　　）哪儿?

(4)（　　）上了小学,这孩子懂事多了。

(5) 这条马路（　　）邮局向东暂停使用。

(6)（　　）下个学期起,我要开始学习法文。

(7) 这批救灾物资（　　）空中运往灾区。

(8) 这个村子（　　）办起了服装工厂,农民的生活水平提高得很快。

(9)（　　）去年以来,他一共发表了三篇论文。

2.1.2 在　于

（一）在

1. 表示时间

A. 用于动词前

　　(1) 他是在昨天下午离开这里的。

　　(2) 爷爷在前年就去世了。

B. 用于动词后

　　动词限于"生、死、定、改、排"等单音节词及"出生、诞生、发生、出现"等双音节词。

　　(3) 婚礼定在星期六上午十点。

　　(4) 会议改在明天举行。

　　(5) 我奶奶出生在清朝末年。

　　(6) 事情已经过去许多年了,但仍然好像发生在昨天。

2. 表示处所

A. 用于动词前

　　(7) 我的同屋晚上总是在图书馆看书。

　　(8) 这种式样的衣服今年在北京很受欢迎。

B. 用于动词后

　　(9) 我住在留学生宿舍楼。

　　(10) 请把自行车放在车棚里。

3. 固定用法

A. 在……上

　　表示在某方面:

　　(11) 这部电影在创作方法上很有特色。

　　(12) 一年来,他在学习上的进步很快。

B. 在……中

　　表示在某一范围或处于某种状态:

　　(13) 在我所有的朋友中,小王是最了解我的。

　　(14) 妈妈的病情刚刚稳定,还在治疗中。

C. 在……下

　　表示某种条件:

　　(15) 在大家的帮助下,我顺利地办好了一切手续。

　　(16) 这个工厂在厂长的领导下,提前完成了生产任务。

D. 在……看来

　　表示从某人角度看,中间要放入指人的词语:

(17) 在我看来,咱们所做的一切都是毫无意义的。

(18) 在一些人看来,不锻炼身体也照样不得病。

E. "在"与"以上、以下、以前、以后、以内、以外……"等结合,表示某种界限:

(19) 这种飞机在两万公尺以上就不能飞行了。

(20) 生活费平均每人每月在 200 元以下的居民可以得到政府补助。

(21) 报名表必须在本月二十号以前交到学校。

(22) 我一定在十天以内写完这份调查报告。

(二) 于

书面语词。

1. 有"在"的意思

A. 表示时间

用于动词前或动词后:

(1) 中华人民共和国于一九四九年十月一日成立。

(2) 鲁迅先生生于一八八一年,死于一九三六年。

B. 表示处所

用于动词前或动词后:

(3) 全国人民代表大会已于北京召开。

(4) 这种大熊猫产于中国的四川省。

C. 表示人或事物通过动作进入某境况,"于……"只用于动词后:

(5) 不要悲观,我们要着眼于未来。

2. 有"对"的意思

指出与行为、动作有关的对象。多用于动词后:

(6) 我们永远不要满足于现状。

(7) 经常锻炼身体有益于健康。

3. 有"给"的意思

表示方向、目标,"于……"用于动词后:

(8) 我叔叔把自己的一生都献身于游泳事业了。

(9) 目前世界局势趋向于缓和。

4. 有"自、从"的意思

表示行为动作的起点或由来,"于……"用于动词后:

(10) 黄河发源于青海省。

(11) 这是我发自于内心的感激。

5. 有"比"的意思

表示比较,"于……"用于形容词或动词后:

(12) 今年的粮食产量高于去年。

(13) 这个城市的变化太大了,一年不同于一年。

6. 有"被"的意思

表示被动,"于……"用于动词后:

(14) 这里原有一座漂亮的大花园,十年前毁于一场火灾。

(15) 这场比赛,北京队败于广州队。

7. 表示原因

"于……"只用于单音节动词或形容词后:

(16) 王教授死于心脏病。

(17) 导演苦于找不到合适的女演员,电影一直不能开拍。

(三) 小结

1. "在"主要用来(1)表示时间,(2)表示处所,另外还有一些固定用法("在……上、在……中、在……下"等)。

2. "于"所表示的意义比较丰富,除了有"在"的意思外,还有"对"的意思,"给"的意思,"自、从"的意思,"比"的意思,"被"的意思,并且还可以用来表示原因。

3. "于"虽然有"在"的意思,但是因为"于"是书面语,所以许多地方"于"和"在"不能互相替代。如:

A. 以下各例只能用"在",不能用"于":

(1) 他在操场上打球。　　　　　⇒× 他于操场上打球。
(2) 这种颜色的衣服在学校很流行。　⇒× 这种颜色的衣服于学校很流行。
(3) 你住在几号楼?　　　　　⇒× 你住于几号楼?
(4) 请把花儿放在窗台上。　　　⇒× 请把花儿放于窗台上。

B. 以下各例只能用"于",不能用"在":

(5) 他毕业于北京大学。　　　　⇒× 他毕业在北京大学。
(6) 埃及的金字塔闻名于全世界。　⇒× 埃及的金字塔闻名在全世界。
(7) 这所大学创建于二十世纪初。　⇒× 这所大学创建在二十世纪初。
(8) 我迫于形势,只得同意他们的无理要求。

⇒ × 我迫在形势，只得同意他们的无理要求。

（四）练习

1. 用"在"或"于"填空：

(1) 姐姐是（　　）上个月结婚的。

(2) 故宫是中国明、清两代的皇宫，始建（　　）1406年，至1420年完工。

(3) 开幕仪式定（　　）本月二十号上午举行。

(4) 大家都（　　）海边晒太阳呢。

(5) 长江发源（　　）哪儿？

(6) 现在的国际形势（　　）我们发展同各国的经济关系很有利。

(7) 我爷爷出生（　　）一个穷苦的农民家庭。

(8) 一美元相当（　　）多少人民币？

(9) 哥哥打算办一家电脑公司，但是苦（　　）租不到合适的房子，所以一直没有开业。

(10) 他们一家人都是高个子，每个人的身高都（　　）1.70米以上。

2. 用"在……上／中／下"等固定格式填空：

(1) （　　）我们班所有的同学（　　），小王的个子最高。

(2) 我的同屋（　　）学习（　　）一直是非常努力的。

(3) 她的身体还（　　）恢复（　　），还不能去上班。

(4) （　　）同学们的帮助（　　），我很快熟悉了这里的环境。

2.1.3　由　打　当　离　距

（一）由

1. 表示起点，同"从"。

A. 表示时间的起点：

(1) 我由昨天起一直发烧。

(2) 这家银行由星期一到星期六全天营业。

B. 表示处所的起点或来源：

(3) 脚步声由远而近。

(4) 由我们中间选出一名运动员参加全国游泳比赛。

C. 表示发展、变化的起点,常有"到"配合使用:

(5) 对这里的生活,我们已经由不习惯到完全适应了。

(6) 她的脸色由白变红,又由红变白。

2. 表示经过的路线、场所,同"从"。如:

(7) 由这条小路去比较近。

(8) 一辆辆汽车由我们学校门口开过去了。

3. 表示原因、方式或构成的成分:

(9) 这次交通事故是由司机酒后开车造成的。

(10) 水是由什么成分构成的?

4. 指出责任归属;(某事)归(某人去做):

(11) 运动会的准备工作由谁负责?

(12) 去或不去都由你来决定。

(二) 打

口语词,带有北方方言色彩,基本用法同"从"。

1. 表示起点

A. 表示时间的起点:

(1) 打下星期起,我要开始节食。

(2) 妈妈说,哥哥打小就这么淘气。

B. 表示处所的起点:

(3) 你打哪儿来?

(4) 她打抽屉里拿出一封信给我。

2. 表示范围:

(5) 你还是打头说起吧。

(6) 这几天太冷了,我们家打孩子到大人都感冒了。

3. 表示行为、动作经过的路线、场所:

(7) 有一个人打窗户前跑了过去。

(8) 咱们打后门走吧。

(三) 当

1. 表示时间,有"在"的意思,多用于书面语。

A. 当……时/的时候

用于句首,"当"字前面可以加"每",强调经常性的情况:

(1) 当我走进教室时,老师已经开始讲课了。

(2) 当水温达到100℃的时候,水就变成了气体。

(3) 每当春暖花开的时候,我们总要去春游一次。

(4) 每当傍晚时,他俩准到湖边散步。

B. 当……之前/以前(之后/以后)

(5) 当我来中国以前,对中国一点儿也不了解。

(6) 当全部人员都到齐之后,我们再出发。

(7) 当我们听完他讲的故事以后,都被深深地感动了。

C. 当……时期/那年/那天……

(8) 当战争时期,孩子们不能在学校正常地学习。

(9) 当我中学毕业那年,父母离婚了。

2. 表示事情发生的场合,"当"后常加"着",宾语一般是指人的代词或名词。

(10) 你当着大家把话说清楚!

(11) 她不习惯当着这么多人唱歌。

(四)离　距

"离"和"距"意义相同,都表示距离、相距,"离"多用于口语,"距"多用于书面语。

1. 表示时间的距离:

(1) 现在离吃饭时间还早,咱们去打会儿球吧。

(2) 汉字产生距今已有三千多年历史。

2. 表示空间的距离:

(3) 宿舍离邮局只有几步远,用不着骑车。

(4) 在距终点十米的地方,后面的运动员突然超过了她。

3. 表示抽象意义上的距离:

(5) 你说的情况离事实太远了。

(6) 我现在的水平离一名合格的翻译还有一定的差距。

(7) 他的脾气让人琢磨不定,让人时而觉得距他很近,时而又觉得距他很远很远。

(五)练习——填空

(1) 看电视时,不应(　　)电视机太近。

(2) 据专家鉴定,这件文物(　　)今已有两千多年。
(3) 我刚(　　)城里回来,挺累的,想歇一会儿。
(4) (　　)我七岁那年,我们家(　　)上海搬到了北京。
(5) 你要(　　)着大家的面,把事情的前前后后说清楚。
(6) 参加这次会议的代表都要(　　)群众中间选举产生。
(7) 明年,(　　)我大学毕业以后,我要去西藏旅游。
(8) 跑在最前面的运动员在(　　)终点两米之处突然摔倒,失去了取得冠军的机会。
(9) (　　)现在起,谁也不许再提那件事了。
(10) 他们家(　　)公司不远,骑自行车十分钟就到了。
(11) 来中国以后,我的体重(　　)50公斤增加到60公斤。
(12) 这次医疗事故的责任到底应该(　　)谁负?

2.1.4 朝 向 往

(一) 填空

(1) 气球飘(　　)远方。
(2) 他被派(　　)日本学习。
(3) 他脸(　　)里躺着。
(4) 他(　　)我看了一眼。
(5) 飞机(　　)西飞去。

(二) 比较

1. 指明方向

A. 用于动词前

a. 用于动作动词前:

(1) 请(　　)前看,别低头。
(2) 一下课,孩子们都(　　)操场跑去。
(3) 汽车(　　)我们这儿开过来了。

b. 用于状态动词(站、坐、躺、停、伸……)前,动词后多有表示状态持续的助词"着":

(4) 汽车头（　　）东停着。

(5) 他的腿（　　）外伸着。

(6) 孩子们都面（　　）黑板坐着不动。

c. 介词＋着：

(7) 飞机（　　）着东南方向飞去。

(8) 中国人民正（　　）着四个现代化的目标前进。

B. 用于动词后

a. 用于"转、冲、走、奔、驶、指、射、飞、通……"等少数单音节动词后,可用于抽象意义：

(9) 他把头转（　　）了我。

(10) 你这样做,是自己走（　　）灭亡。

(11) 让我们一起奔（　　）美好的明天。

b. 用于"开、送、寄、派、运、飞、通……"等少数单音节动词后：

(12) 本次列车开（　　）香港九龙。

(13) 寄（　　）国外的信不能用这种信封。

(14) 这些刚摘下来的苹果要运（　　）什么地方？

2. 指明对象

有"对"、"从……那里"的意思。宾语是指人的名词、代词。只用于动词前。

a. 用于与身体动作有关的具体动词（或动词性短语）前,有"对"的意思：

(15) 老王（　　）我点点头,表示同意。

(16) 妈妈（　　）弟弟摆了摆手,让他别说话。

(17) 她（　　）我使了个眼色,我一下子就明白了她的意思。

b. 用于与身体动作无关的其他动词（或动词性短语）前,有"对"或"从……那里"的意思：

(18) 我要（　　）你道歉,这件事是我不对。

(19) 做任何事都应该（　　）人民负责。

(20) 我又（　　）银行借了一些钱交学费。　　　　（从银行那里）

(21) 很多人都（　　）我打听他的消息。　　　　　（从我那里）

c. 介词＋着

(22) 大家都（　　）着她笑。

(23) 他（　　）着老师深深地鞠了一躬。

3. 既指明方向，又指明对象

基本句型是：主语＋介词＋有生命的名词＋动词＋动量词

(24) 警察（　　）坏人开了一枪。

(25) 他（　　）狗踢了一脚。

(26) 他气极了，（　　）对方猛打了一拳。

（三）小结

1. "朝、向、往"的相同点是都可以用来指明方向，但用法上有所不同：

A. 当用于动词前时

a. 如果动词是表示行为动作的动词，用"朝、向、往"都可以。如例(1)(2)(3)。

b. 如果动词是表示状态的动词，只能用"朝、向"，不能用"往"。如例(4)(5)(6)。

c. 如果介词后紧跟有"着"，不管是动作动词还是状态动词，都只能用"朝、向"，不能用"往"。如例(7)(8)。

B. 当用于动词后时

a. 只能用"向、往"，不能用"朝"。

b. "向"和"往"用于动词后，对动词有严格限制：

"向"——只能用于"转、冲、走、奔、驶、指、射、飞、通……"
等少数单音节动词(称为"转"类动词)后。如(9)(10)(11)。

"往"——只能用于"开、送、寄、派、运、飞、通……"等少数单
音节动词(称为"开"类动词)后。如例(12)(13)(14)。

c. 从上述可以看出，"转"类动词和"开"类动词中，相同的动词只有"飞"和"通"两个，即在这两个动词后，用"向"或"往"都可以。

2. "朝"和"向"还可以用来指明对象，"往"不可以。当"朝"和"向"指明对象时，都只能用于动词前，用法上有区别：

a. 当动词是与身体动作有关的具体动词时，用"朝"或"向"都可以，如例(15)(16)(17)。

b. 当动词是与身体动作无关的其他动词时，只用"向"，不用"朝"。如例(18)(19)(20)(21)。

c. 如果介词后紧跟有"着"，只用"朝"不用"向"。如例(22)(23)。

3. 既指明方向，又指明对象，用"朝、向"，不用"往"。如例(24)(25)(26)。

见下表：

	指明方向				指明对象			既指明方向又指明对象
	动词前			动词后	身体动作动词	其他动词	介词+着	
	动作动词	状态动词	介词+着					
朝	＋	＋	＋		＋		＋	＋
向	＋	＋	＋	＋(有限定)	＋	＋		＋
往	＋			＋(有限定)				

（四）练习——填空

(1) 我房间的窗户(　　)南开。

(2) 去邮局是(　　)右拐，不是(　　)左拐。

(3) 你们需要什么东西，可以(　　)服务员要。

(4) 这条路通(　　)海边。

(5) 汽车驶(　　)前方。

(6) 小王被派(　　)一所农村的医院工作。

(7) 你别老(　　)我发脾气！

(8) 小孩子不要骗人，要(　　)父母讲实话。

(9) 出校门(　　)北走不远就是动物园。

(10) 老板(　　)我瞪了一眼，暗示我不要说话。

(11) 飞机(　　)着上海方向飞去。

(12) 警察(　　)着我敬了一个礼，客气地告诉我去历史博物馆怎么走。

练 习 十

一、选词填空

1. 自从　自从　由　打　当　离　距

(1) 你的这个消息是(　　)哪儿来的？

(2) 这段话摘(　　)《人民日报》海外版。

(3) (　　)我刚来中国的时候，对这里的一切都不习惯。

(4) "甭"(béng)这个字(　　)"不"和"用"两部分组成。

(5) 这孩子(　　)小就不喜欢学习。

(6) 看书的时候,眼睛别(　　)书太近。

(7) (　　)入冬以后,妈妈总是咳嗽。

(8) (　　)古以来,这个地方就流传着这个传说。

(9) 我们的实际水平(　　)要求还差得很远。

(10) (　　)笔迹判断,这封信是个女人写的。

2. 在　于　朝　向　往

(1) 北京大学建(　　)1898年。

(2) 节日的天安门广场,到处都是鲜花,来到这里,仿佛置身(　　)花的海洋。

(3) 这条河是流(　　)大海吗?

(4) 许多年过去了,可是当时的情景还清楚地出现(　　)我的眼前。

(5) 比赛已经进行了一个多小时了,现在已经接近(　　)尾声。

(6) 请(　　)右坐一点儿,给这个小孩让个座儿。

(7) 他是一位热心人,乐(　　)帮助大家。

(8) 申请辞职的报告已(　　)昨天上午交给学校有关部门。

(9) 他(　　)着太阳升起的方向跑去。

(10) 火车慢慢地开动了,朋友们站在月台上不停地(　　)我招手告别。

3. 在……上　在……下　在……中　在……看来

(1) (　　)各项体育活动(　　),我最喜欢的是打网球。

(2) (　　)你(　　),这件事怎么处理最合适?

(3) 他的女朋友,(　　)穿衣服(　　)很讲究。

(4) (　　)老师(　　),他是一个努力学习的好学生,不过,(　　)同学们(　　),他只是一个书呆子。

(5) 他(　　)没有任何人帮助的情况(　　),独立完成了实验。

(6) 造成楼房倒塌的原因还不太清楚,还(　　)调查(　　)。

(7) (　　)老师的启发(　　),我们终于想出了解决的办法。

(8) 他们俩(　　)任何问题(　　),意见总是不一致。

二、在括号里填上合适的表示方位或表示界限的词

　　　　里　　内　　外　　之间　　以外　　以内
　　　　以上　　以下　　之前　　以前　　以后

1. 在来中国(　　),我一句汉语也不会说。

2. 同学们都在教室(　　)上课呢。

3. 北京猿人化石一九二七年首次在北京周口店山洞(　　)发现。

4. 参加会议的人员限制在150人(　　)。

5. 在天黑(　　),我一定赶到你那儿。

6. 在工资(　　),他每月大约还有1000元的奖金。

7. 在你们(　　),一定有什么误会。

8. 王老师除了在本校教课,还在校(　　)兼课。

9. 小王在他爱人出国留学(　　)不久,就离婚了。

10. 水在零度(　　)就结成冰,在一百度(　　)就沸腾。

第二节　引出对象的介词

2.2.1 跟　和　同　与

（一）填空

(1) 等我一会儿，我（　　）你一块儿去。
(2) 中国人民要加强（　　）世界各国人民的友谊。
(3) 我们班要（　　）他们班比赛篮球。
(4) 毕业以后，我（　　）他的联系就中断了。
(5) 这篇报道介绍的情况（　　）事实有较大的出入。
(6) 你看，售货员（　　）顾客吵起来了。

说明：

这四个介词的意义和用法基本一样，区别是：

跟——主要用于口语［如例(1)(3)(6)］，书面语不用；

与——主要用于书面语［如例(4)(5)］，口语里不用；

同——也是主要用于书面语，并且多用于较为正式的场合［如例(2)］；

和——既用于口语，又用于书面语，以上例(1)—(6)都可以用"和"。特别是当口语或书面语的区别不那么鲜明时，多用"和"［如例(3)(4)］。

以下我们以"跟"为例，介绍它们的具体用法。

（二）跟

1. 引进动作对象，只跟指人的名词组合。

A. 表示共同、协同：

(1) 这件事你应该跟大家商量一下儿。
(2) 我不愿意跟这种固执的人讨论问题。

B. 指出与动作有关的对方,有"对、向"或"从……哪里"的意思:

(3) 把你的想法跟大家谈谈。

(4) 我跟你打听一个人。

2. 引进比较对象,后面常有"比"或"一样、同样、似的、相似、差不多、不同"等词语呼应:

(5) 跟你比,我对中国的了解真是太少了。

(6) 她对我跟从前一样好。

(7) 这里的气候跟纽约差不多。

(8) 我对这件事的看法跟别人都不同。

3. 引进与某事物有关系的另一方,后面常有"有关系、相关、结合"等词语搭配使用:

(9) 这件事跟我有什么关系?

(10) 提高口语能力要跟提高听力结合起来。

(三) 练习——用"和、跟、同、与"填空

(1) 你先别走,我有事（　　）你说。

(2) 中国（　　）世界上许多国家建立了长期贸易关系。

(3) （　　）过去比,这儿的变化真是太大了。

(4) 这件事（　　）你无关,你不必介入。

(5) 爸爸（　　）我商量,打算让我学习国际经济专业。

(6) 这几个案件都（　　）毒品有联系。

(7) 律师正在（　　）被告谈话。

(8) 他（　　）这些孩子们既是师生关系,又是朋友关系。

2.2.2 把　将

(一) 把

"把"是一个常用介词,意义和用法都比较复杂,分别介绍如下:

A. 意义上

1. 表示对"把"后的名词、代词怎么处置以及处置的结果,基本句型是:

主语＋把＋名词/代词＋动词

"把"后的名词、代词是动词支配的对象：

（1）请把门关上。（请关上门。）

（2）他把衣服都洗了。（他洗了衣服。）

2. 表示使"把"后的名词、代词怎么样，"把……"可以修饰动词，也可以修饰形容词：

（3）在运动会上，小王把嗓子都喊哑了。（喊，使得嗓子哑了）

（4）一辆汽车差一点撞倒一位老太太，真把我吓坏了。（情况使我害怕）

3. 表示动作的处所或范围，"把"后多跟处所名词或表示范围的名词：

（5）我的同屋刚来北京一个月，就把北京全游遍了。

（6）昨天，我把这学期学的所有的生词复习了一遍。

B. 用法上

1. "把"后的动词不能是简单的动词，必须是：

a. 动词＋了/着：

（1）快趁热把牛奶喝了。

（2）姐姐不小心，把钱包丢了。

（3）把房间的门开着，透透空气。

b. 动词重叠：

（4）咱们把房间整理整理吧，太乱了。

（5）快把脸洗洗，脸上都是土。

c. 动词前有"一"：

（6）爸爸生气了，把桌子一拍，站了起来。

（7）他进了家门，把大衣一脱，把帽子一摘，躺在床上就睡着了。

d. 各种动词短语

◆ 动词后带结果补语或趋向补语：

（8）请把书打开。（结果补语）

（9）我把护照装进了书包。（趋向补语）

◆ 动词后带介词短语：

（10）他把照片放在桌子上了。

（11）我要把这本书介绍给我的朋友。

◆ 动词后带宾语（包括数量宾语）：

（12）他已经把情况告诉了我。

（13）咱们把旅行的日期推后几天吧。

2. 不能用于"把"字句的动词主要有以下几类：

a. 心理活动动词

> 如： 希望、同意、赞成、愿意、主张、反对、关心、喜欢、讨厌、担心、生气、害怕、怀疑、相信、决定、认为、以为

×（14）老师把他的意见同意了。　　⇒老师同意了他的意见。

×（15）我们把她的话怀疑了。　　⇒我们怀疑她的话。

b. 认知、感觉类动词

> 如： 知道、明白、懂得、记住、忘记、感到、感觉、发觉、觉得、看见、听见、闻见、认出

×（16）你们把老师的意思明白了吗？　⇒你们明白老师的意思了吗？

×（17）我们把黑板上写的通知看见了。⇒我们看见黑板上写的通知了。

c. 表示存在、等同（指称）的动词

> 如： 有、在、是；
>
> 叫、像、姓、当、等于

×（18）我已经把你的地址有了。　　⇒我已经有你的地址了。

×（19）她已经把妈妈当了。　　⇒她已经当妈妈了。

d. 表示身体状态的动词

> 如： 站、坐、躺、跪、趴

×（20）她一直把身子躺在床上。　　⇒她一直躺在床上。

3. "把"后的宾语应该是确定的

比较：

（21）A. 把一张报纸递给我。

B. 把那张报纸递给我。

（22）A. 我过生日的时候，把有的朋友请来了。

B. 我过生日的时候，把在北京的朋友都请来了。

4. 否定词"不、没"和能愿动词应该出现在"把"字前

比较：

（23）A. 把功课还没做完

B. 还没把功课做完

（24）A. 不把她叫回来不行

B. 把她不叫回来不行

（25）A. 你把她能请来吗？

B. 你能把她请来吗？

(二) 将

1. 表示对人或事物的处置，有"把"的第一个意思。多用于书面语。如：
   (1) 希望你能将自己的感受写成一篇文章。
   (2) 总经理将刚签好的合同放进了文件柜。
   (3) 医生们将化验结果又仔细进行了分析。

2. 表示使用某种工具，有"用、拿"的意思。常用于固定短语中。如：
   (4) 将心比心，你不该这样对待一个孩子。
   (5) 既然他们都以为我是来参加比赛的运动员，我就将错就错，真的混进了赛场。

(三) 练习——改正下列病句，并试着说明理由
   (1) 我们已经把那儿的情况知道了。
   (2) 昨天晚上，我把足球赛没看完就睡觉了。
   (3) 下午，我要把最近买的书整理。
   (4) 我没学过上海话，怎么能把上海人说的话听得懂？
   (5) 小王，请把一本字典借给我用一下。
   (6) 老师把所有的同学很关心。
   (7) 我们不但一起唱歌，还一起把舞跳了。
   (8) 今天我们把这篇文章不写完不睡觉。
   (9) 你把这个消息应该先告诉我。
   (10) 我们要把松树长在山坡上。

2.2.3 被 叫 让

(一) 被

A. "被"的基本用法

用于被动句，引出动作的主动者，"被"前面的主语是动作的接受者。使用"被"的句子一般是叙述已经实现的事实。"被……"所修饰的动词后面一般有表示结果或动作完成的词语。主要句型有：

1. A 被 B＋动词

    (1) 衣服被大雨淋透了。

    (2) 我们被眼前的景色吸引住了。

2. A 被＋动词

    在不需要或者不能引出动作的主动者时,"被"可以直接用在动词前,表示动作的被动关系。

    (3) 行李已经被搬上楼了。

    (4) 老张被选为人民代表。

3. A 被 B＋所＋动词

    有时,"被"和"所"一起用,更强调被动性。这个句型文言色彩较浓,多用于书面语。

    (5) 我们被歌声所吸引,不觉都停下了脚步。

    (6) 她可能被坏人所控制了,不然不会做出这种事来的。

注意：

在这个句型里：a. "被"字都可以换成"为"字。

   b. "所"后的动词不能再带其他成分("了"字除外)。

   c. 能进入这个句型的动词不多,主要有：

   双音节：吸引、鼓舞、感动、尊敬、战胜、克服、控制、采纳、驱使、证明、发现、欺骗、泄露、误解、暴露等

   个别单音节：

   被生活所迫

   被风雪所阻

   不被金钱所动

4. A 被 B＋给＋动词

    "被"还可以和"给"一起用,和"被……所……"一样,也是更强调被动关系,区别是"被……给……"多用于口语。

    (7) 我的照相机被同学给借走了。

    (8) 他不小心被狗给咬了一口。

B. 使用"被"字句需要注意的问题

1. "被"后的动词一般不能是简单的(句型3："A 被 B 所＋动词"除外),可以是：

    a. 动词＋了/着/过

(1) 我在院子里乘凉的时候被蚊子咬了。

(2) 他的座位被别人坐着。

(3) 这个小孩子很听话,从来没被妈妈打过。

b. 各种动词短语

◆ 动词后带结果补语或趋向补语(句尾有时带"了")

(4) 睡梦中,我被雷声惊醒。

(5) 新买的电脑就被你给搞坏了。

◆ 动词或动补短语后带宾语(包括数量宾语)

(6) 他被人偷了护照。

(7) 我骑自行车时被一个小伙子撞了一下。

◆ 动词后带介词短语

(8) 会议被改在明天上午了。

(9) 这封信是寄往国外的。

2. 动词一般是具有处置意义的动词。不能用于"被"字句的动词有以下几类:

a. 心理活动动词,同"把"。

b. 表示身体状态的动词,同"把"。

c. 部分表示认知、感觉的动词,只有以下几个:

　　　　　明白、懂得、感到、感觉、觉得

3. "被"前的主语应该是确定的,常常是后面动词的受事。

比较:

(10) A ×一本小说很快就被卖光了。

　　　B 这本小说很快就被卖光了。

(11) A ×一辆自行车被借走了。

　　　B 我的自行车被借走了。

4. 否定副词"不、没"应该出现在"被"字前、其他副词后。

比较:

(12)　　她这个人从来不被别人注意。

　　　×她这个人从来被别人不注意。

(13)　　幸亏教练及时换了主力队员上场,我们才没被对方打败。

　　　×幸亏教练及时换了主力队员上场,我们才被对方没打败。

5. 如果动词(主要是双音节动词)前有能愿动词(能愿动词要出现在"被"

前),动词后不再需要有别的成分。

(14) 这句话可能被人误解,最好修改一下。

(15) 你们的成绩应该被社会承认。

(二) 叫　让

与"被"基本相同,但多用于口语,另外,没有"被"的第 2 种、第 3 种用法,即"叫"和"让"只有两种用法。

1. A 叫/让 B＋动词

(1) 我的腿叫猫抓了一下。

(2) 小声一点儿,别让别人听见。

(3) 他叫那伙人骗走一百块钱。

(4) 好好的一盆花,让妈妈浇水浇死了。

2. A 叫/让 B＋给＋动词

(5) 窗户叫大风给吹坏了。

(6) 自行车叫钉子给扎了一个洞。

(7) 他让汽车给撞伤了。

(8) 这个小伙子让那个漂亮的姑娘给迷住了。

(三) 练习——改正病句,并试着说明理由

(1) 照相机被小偷所偷了。

(2) 质量问题一直被厂长不重视。

(3) 一部小说被翻译成了英文。

(4) 小李让派往西藏工作。

(5) 桌子上的菜被他都吃。

(6) 这所医院是 1992 年被盖的。

(7) 这家旅馆有的房间都被租出去了。

2.2.4　对　对于

(一) 填空

(1) (　　)这个问题,我们还要进一步深入研究。

(2) 这位售货员小姐（　　）顾客总是和和气气的。

(3) 把多余的钱存入银行，（　　）国家和个人都有好处。

(4) 老师（　　）你说了些什么？

（二）比较

A　意义上

1. 表示对待关系

a. 表示一般性对待关系：

(1) 吸烟（　　）人的健康很有害。

(2) 看电视，（　　）提高听力很有好处。

b. 表示人与人之间的对待关系：

(3) 他（　　）人很热情。

(4) 孩子们（　　）父母很有礼貌。

2. 指出行为动作的对象，有"朝、向"的意思：

(5) 老师（　　）我点点头，表示已经明白了我的意思。

(6) 他恭恭敬敬地（　　）大家鞠了一躬。

B　用法上

1. 介词的宾语是指物的名词或名词性短语

◆ 用于主语后：

(7) 他（　　）这里的一草一木都非常喜欢。

(8) 长时间的使用电脑（　　）人的视力有影响。

◆ 用于句首：

(9) （　　）这件事，大家都谈了自己的看法。

(10) （　　）汉语虚词的用法，我们还没有完全掌握。

2. 介词的宾语是指人的名词或名词性短语

a. (11) 他（　　）他的太太特别好。

(12) 厂长（　　）你比（　　）我要信任。

b. (13) 你有什么想法，（　　）大家说吧。

(14) 司机（　　）我招招手，让我过去坐他的车。

c. (15) （　　）在地震中遭受灾害的群众，政府应该多给予一些关心和照顾。

(16) （　　）在科学研究中作出贡献的科学家，研究所在大会上提出了表扬。

3. 介词短语前后有能愿动词或副词
　　(17) 学校会(　　)这件事作出安排的。
　　(18) 学校(　　)这件事会作出安排的。
　　(19) 孩子们都(　　)外星人很感兴趣。
　　(20) 孩子们(　　)外星人都很感兴趣。

4. 固定用法

与"……来说"搭配使用,表示从某人、某事的角度来看。介词后的宾语多数是指人的名词、代词。
　　(21) (　　)老年人来说,多吃蔬菜、水果对身体十分有利。
　　(22) 吸烟的危害,(　　)一般人来说略有所知。

(三) 小结

1. "对"和"对于"都可以表示对待关系[如例(1)(2)]。区别是,"对"还可以表示人与人之间的对待关系[例(3)(4)],"对于"只表示一般性对待关系。

2. "对"可以用来指出行为动作的对象、方向,有"朝、向"的意思[例(5)(6)],"对于"不能。

3. 当介词后的宾语是指物的名词或名词性短语时,无论介词是出现在主语后还是出现在句首,用"对"或"对于"都可以[例(7)—(10)]。

4. 当介词后的宾语是指人的名词、代词时,要区别对待。表示人与人的对待关系用"对",不能用"对于"[例(11)(12)],表示行为动作的对象、方向也用"对",不用"对于"[例(13)(14)]。如果表示的是一般的对待关系,并且介词短语出现在句首,用"对"和"对于"都可以[例(15)(16)]。

5. "对……"可出现在能愿动词、副词的前边或后边[例(17)—(20)],"对于……"只能出现在能愿动词或副词的前边[例(18)(20)]。

6. "对"和"对于"都可以与"来说"搭配使用[例(21)(22)]。

见下表:

| | 意义上 | | | 用法上 | | | |
| | 表示对待关系 | | 指出对象方向 | 宾语指物 | 宾语指人 | 有能愿动词/副词 | | ……来说 |
	一般	人与人				在前	在后	
对	+	+	+	+	自由	+	+	+
对于	+			+	不自由	+		+

从上表可以清楚地看出,凡是能用"对于"的地方都能用"对"代替;但是,用"对"的地方,却不一定能用"对于"代替。

(四)练习——在只能填"对"的句子里填空,并说明理由
(1) 这位售货员(　　)顾客很不客气。
(2) (　　)一个运动员来说,身体是第一重要的。
(3) 我的父母都(　　)京剧很感兴趣。
(4) 护士(　　)我摆摆手,让我离开病房。
(5) 我们(　　)别人提出的意见应该虚心考虑。
(6) (　　)这种不讲道理的人,大家都毫无办法。
(7) 你们(　　)这个问题应该有明确的态度。
(8) 你要实话实说,千万不要(　　)我们说假话。

2.2.5 对于　关于

(一) 填空
(1) 我们早就听说了(　　)他的情况了。
(2) (　　)教学实习的问题,学校还没有作出具体安排。
(3) 他(　　)父母的经济情况了解不多。
(4) (　　)学习上有困难的人,他一向热情。
(5) (　　)西湖,民间有一个美丽的传说。

(二) 关于
"关于"主要用来引进跟某种行为动作有关的事物,"关于"后可跟名词、动词短语或主谓短语。基本用法如下:
1. 用于句首,后边一般有停顿,句型是:
关于……,主语+动词+其他
(1) 关于这件事,我事先一点消息都没听到。
(2) 关于投资办工厂,他有不少设想。
2. 用于动词后、名词前,"关于……"和名词之间要有"的",句型是:
主语+动词+关于……+的+名词

(3) 最近,我看了一些关于地震方面的资料。

(4) 妈妈给我讲过许多关于她自己年轻时的故事。

3. "关于……"或"关于……的＋名词"单独使用,常常用作文章的标题。

(5) 关于产品质量问题

(6) 关于节约用水的几项建议

(三) 比较

A. 意义上

(1) (　　) 如何改进服务态度的问题,饭店经理有不少好的经验。

(2) (　　) 家乡的一山一水,她都非常有感情。

(3) 我最近正在研究 (　　) 中国唐代历史方面的一些问题。

(4) 我 (　　) 她的情况很了解。

B. 用法上

1. 位置

(5) (　　) 中国的传统文化,我了解得不多。　　　　　　　（句首）

(6) 我 (　　) 中国的传统文化,了解得不多。　　（主语后,动词前）

(7) 我想了解一些 (　　) 中国的传统文化方面的情况。　（动词后）

2. 宾语

(8) (　　) 学习上有困难的同学,我们要热情帮助。

(9) (　　) 不遵守交通规则的人,警察给予了严厉的批评。

3. 位置、宾语、动词

(10) (　　) 她的情况,大家都很关心。　　　　　（关心她的情况）

(11) (　　) 暑假旅行的问题,我们还要好好研究研究。

（研究旅行的问题）

(12) (　　) 节约用电的建议,大家都很赞成。　（赞成节约用电的建议）

(13) (　　) 这个问题,我们有以下几点意见。

(14) (　　) 这个问题,我们没有反对意见。

4. 介宾短语单独使用

(15) (　　) 建筑质量

(16) (　　) 建筑质量的批评意见

(17) (　　) 留学生活

(18) (　　) 留学生活的几点建议

(四)小结

1. "关于"的基本意义是表示涉及的事物,侧重于指出行为动作所关涉的范围[例(1)(3)],"对于"则侧重指明对象[例(2)(4)]。

2. "关于……"在句中的位置有两个:①句首[例(5)],②动词后[例(7)],"对于……"在句中的位置也有两个:①句首[例(5)],②主语后,动词前[例(6)]。

3. "对于"的宾语可以是指人的名词[例(8)(9)],"关于"的宾语一般不是指人的名词(注意:有时可说"关于她,我早就听说了",这句话是在"她"后省略了"的情况",完整的句子应该是"关于她的情况,我早就听说了"。)

4. 有时,用"关于"或"对于",意义上的区别不那么明显,二者可以替换。出现这种情况一般要具有以下条件:

a. "关于"、"对于"出现在句首。

b. 宾语不是指人的名词(简称为"非人宾语")。

c. 非人宾语多为"……情况"、"……问题"、"……建议"等既可表示对象、又可表示范围的名词。

d. 句中主要动词有限定:

① 可以支配"关于"或"对于"的宾语(情况、问题、建议等)[例(10)—(12)]。

② 动词为"有"或"没有"[例(13)(14)]。

5. "关于……"可以单独作文章的标题[(15)(17)],"对于……"要加上名词后才能作文章的标题[例(16)(18)]。

见下表:

	意义上		用法上							
	基本意义	侧重	位置			宾语		主要动词		单独作标题
			句首	动前	动后	指人	非人	支配宾语	有、没有	
对于	对待关系	指明对象	+	+		+	+	+	+	
关于	涉及的事物	指明范围	+		+		+	+	+	+

(五)练习——填空

(1) 我们( )她的不幸表示同情。

(2) 这部电影讲的是( )一个农村妇女的故事。

(3) ( )刚参加工作的小王,大家给予了多方面的关心。

(4) （　　）农村题材的电影,最近拍了好几部。

(5) （　　）法庭上证人所说的话,双方律师都非常重视。

(6) （　　）病人的情况,医生们正在研究。

2.2.6　给　为　替

(一) 填空

(1) 这里的风景真不错,你（　　）我们几个照张相吧。

(2) 妈妈（　　）我买了一条裙子。

(3) 每个人都应该（　　）自己的理想而奋斗。

(4) 她做事总是（　　）别人着想。

(5) 我（　　）大家拜个年。

(二) 给

介词"给"的用法很多,从形式上看有三种：

A 式：给＋宾语＋动词(或动词性短语)　　　(给他打电话、给妈妈写信)

B 式：动词(或动词性短语)＋给＋宾语　　　(寄给他、卖给他)

C 式：给＋动词性短语　　　　　　　　　　(给打破了、给吓坏了)

"为"和"替"没有 B 式和 C 式的用法,不存在三者混淆的问题,因此我们重点讨论 A 式中"给"的用法。A 式中的"给"有以下几个作用：

1. 引进给予对象,即接受者：

(1) 他给妈妈买了一套房子。

(2) 我给女朋友写了一封信。

2. 引进服务对象：

(3) 医生给病人检查身体。

(4) 我给你们当翻译。

3. 引进表达对象、动作对象,有"向、对"的意思：

(5) 这件事应该给大家解释清楚。

(6) 春节时,许多家庭晚辈都要给长辈磕头。

4. 引进动作的受害者：

（7）那本字典，他给我弄丢了。

（8）小心！别把玻璃杯给人家碰碎了。

5. 引进动作的发出者，有"被"的意思：

（9）你要的那本书给小王借走了。

（10）他昨天给一伙小流氓打了。

（三）为

1. 引进服务对象：

（1）服务员为我打扫房间。

（2）孩子们为老奶奶浇花。

2. 引进心理活动的关涉对象，句中常常有"都"呼应：

（3）大家都为他着急。

（4）你不用为我担心。

注意：

能出现在这类句子中的动词不多，主要是以下一些表示心理活动的动词：

    难过、担心、惋惜、害臊、

    着急、操心、着想、难为情

3. 介绍原因、目的：

（5）两家人都在为他们俩的婚事而忙碌。 （介绍忙碌的原因）

（6）我们为学汉语来到中国。 （介绍来中国的目的）

（四）替

"替"的基本意思是替代，在句子中，如果"替"后只有宾语，没有其他动词，这时，"替"是动词（如"我来替你吧！"），如果有其他动词，情况比较复杂，为讨论方便，我们把它们都看作介词。

1. 引进替代对象：

（1）你替我喝了这杯酒吧。

（2）医生替护士给病人换药。

2. 引进服务对象：

（3）妈妈常常替哥哥洗衣服。

（4）请你替我寄封信。

3. 引进心理活动的关涉对象：

(5) 他考试没通过,同学们都在替他难过。

(6) 我真替你感到害臊。

注意:

这一用法同"为"2,能出现在这类句子里的动词也是一些心理活动动词。

(五) 小结

1. 在"给+宾语+动词或动词性短语"这一句式中,"给"有五个作用:

    a. 引进给予对象

    b. 引进服务对象

    c. 引进表达对象、动作对象

    d. 引进动作的受害者

    e. 引进动作的发出者

2. "为"有三个作用:

    a. 引进服务对象

    b. 引进心理活动的关涉对象

    c. 介绍原因、目的

3. "替"也有三个作用:

    a. 引进替代对象

    b. 引进服务对象

    c. 引进心理活动的关涉对象

4. "给、为、替"三者的相同点和不同点如下表:

	给予对象	服务对象	表达对象	受害者	发出者	关涉对象	原因目的	替代对象
给	＋	＋	＋	＋	＋			
为		＋				＋	＋	
替		＋				＋		＋

5. 从上表可以清楚地看出,当引进给予对象、表达对象、动作的受害者或动作的发出者时,只能用"给";当介绍原因、目的时,只能用"为";当引进替代对象时,只能用"替"。"给、为、替"所具有的相同作用是:

a. 三者都可以引进服务对象。也就是说当引进服务对象时,用"给、为、替"都可以。

b. "为"和"替"都可以引进心理活动的关涉对象,当引进心理活动的关涉对象时,用"为、替"都可以。

(六)练习——填空
(1)我的自行车钥匙不知道去哪儿了,你(　　)我找一找。
(2)我(　　)搞清楚这个词的用法查了三本词典。
(3)你(　　)我问大家好。
(4)他考试老不及格,我真(　　)他感到难为情。
(5)你(　　)大家描述一下当时的情况。
(6)一位中国同学(　　)我修改了作文。
(7)妈妈从国内(　　)我寄来一包巧克力。
(8)考试成绩,老师(　　)我弄错了。

2.2.7 比

(一)"比"的基本用法

"比"用于比较句,引出比较对象,基本句型是:
　　　　　A 比 B+形容词

1. 用于两种不同事物的比较,A 和 B 可以是名词、动词、形容词或者小句,A 和 B 的词类或者结构一般相同:
(1)这本书比那本书有意思。　　　　　　　　　　(名词性短语)
(2)写毛笔字比写钢笔字难。　　　　　　　　　　(动词性短语)

2. 用于同一事物前后不同时期的比较,B 一般是时间词:
(3)他的身体比去年好多了。
(4)我的汉语比过去有了进步。

3. 用于"得"字句,进行一般性行为的比较。"比"可以放在"得"字前或后,意思相同:
(5)他学得比我好。　　　　　　(= 他比我学得好。)
(6)这座楼比那座楼盖得早。　　(= 这座楼盖得比那座楼早。)

4. 用于"一+量词+比+一+量词"格式中,表示程度递进:
(7)天气一天比一天冷了。
(8)考试一次比一次难。

5. 形容词的前后可以带其他成分

a. 形容词前带表示程度增加的副词"更"、"还"：

(9) 我的同屋比我更爱说话。

(10) 我比你还粗心，考试连姓名都忘了写。

b. 形容词后带数量词：

(11) 这本词典比那本贵两块五。

(12) 新盖的图书馆比旧图书馆高十层。

c. 形容词后带"得多/多了"：

(13) 我的眼睛比你近视得多/多了。

(14) 坐地铁比坐公共汽车方便得多/多了。

(二) 使用"比"字句时要注意的问题

1. A. 辨别正误：

(1) 他的发音比我很好。

(2) 这个菜比那个菜特别辣。

(3) 他的汉语比我好得多。

(4) 这杯咖啡比那杯浓多了。

B. 说明：

(1)(2)句不对，它们共同的错误是，都在形容词前用了表示程度的副词（很、特别）。在"比"字句中，要表示程度差别大，应该在形容词后加"得多"或"多了"，如例(3)(4)。

2. A. 辨别正误：

(5) 这件衣服的颜色比别的衣服最漂亮。

(6) 这件衣服的颜色比别的衣服都漂亮。

(7) 我觉得学习汉语比学习其他语言最难。

(8) 我觉得学习汉语比学习其他语言都难。

B. 说明：

当对两个或两个以上的事物进行比较，指出其中程度最高的一项时，不能用"最"，要用"都"，例(5)(7)不对，例(6)(8)是对的。

3. A. 辨别正误：

(9) 今天比昨天一点儿冷。

(10) 今天比昨天冷一点儿。

(11) 他走路比我一些慢。

(12) 他走路比我慢一些。

B. 说明：

"比"字句中，出现说明程度差别的"一点儿、一些"时，要用在形容词后，如例(10)(12)，不能用在形容词前，例(9)(11)不对。

4. A. 辨别正误：

(13) 中国老师讲课的方法比我们国家的不一样。

(14) 中国老师讲课的方法跟我们国家的不一样。

(15) 北京的天气比东京差不多。

(16) 北京的天气跟东京差不多。

B. 说明：

在比较两个事物相同还是不同时，要用介词"跟"，不用"比"，基本句式是：A 跟 B＋一样／差不多／相同／不同／不一样(详见 2.2.1)。例(13)(15)不对，例(14)(16)是对的。

5. A. 辨别正误：

(17) 他比我到晚十分钟。

(18) 他比我晚到十分钟。

(19) 我们俩买了一样的衣服，可是我比他花多20块钱。

(20) 我们俩买了一样的衣服，可是我比他多花20块钱。

B. 说明：

"比"字句中，有"早、晚、多、少"等形容词时，应用在动词前，而不是用在动词后。例(17)(19)不对，例(18)(20)正确。

(三) 练习——把下列句子改写成"比"字句

(1) 爸爸身体很棒，妈妈身体不太好。

(2) 小王 7:50 到教室，小张 7:55 到教室。

(3) 他身高 1.75 米，我 1.76 米。

(4) 他身高 1.80 米，他爱人才 1.50 米。

(5) 昨天不冷，今天很冷。

(6) 国产电视机比较便宜，合资生产的电视机贵一点儿，进口电视机最贵。

(7) 我说汉语不太流利，他说汉语非常流利。

(8) 我昨天穿了一件毛衣，今天穿了两件。

2.2.8　就　连　除　除了

（一）就

1. 引进动作的对象或范围（常常是有关讨论、分析、观察、思考等方面的）：
   (1) 大家就目前经济改革的形式展开了热烈的讨论。
   (2) 请你就现有的材料写出一份报告。
2. 表示从某一方面论述，用来与其他人、其他事进行比较。
   a. 就……来说/来讲：
      (3) 就社会经验来说，青年人不如老年人；就对新事物的敏感度来说，老年人又不如青年人。
      (4) 就中国人来讲，喝茶是最普遍的，而许多国家的人却喜欢喝咖啡。
   b. 就……而言/而论：
      (5) 就我们队的实力而言，这次比赛胜利的可能性还是很大的。
      (6) 就规模和设备而论，这所大学在同类大学中属于中等水平。
   c. 就……看：
      (7) 就目前情况看，战争的可能性还是存在的。
      (8) 就全局看，他踢进的那一个球是非常关键的。

（二）连

1. 强调动作的主体或动作的对象，有"就是、甚至"的意思，"连……"后用"都、也"相呼应。
   a. 用于名词前：
      (1) 连小孩子都喜欢这首歌，大学生就更喜欢了。
      (2) 你怎么连这个字都忘了？
   b. 用于动词前，后一部分动词是否定形式：
      (3) 我哥哥连游泳也不会，真有点儿笨。
      (4) 他这几天心情很不好，连出去玩也没兴趣了。
   c. 用于小句前，小句中要有疑问代词：
      (5) 连他当时说了哪些话我也记不清楚了。
      (6) 连我那天晚上穿什么衣服她都记得一清二楚。

d. 用于数量词"一"前,后一部分的动词是否定形式:

(7) 会上你怎么连一句话也不说?

(8) 住北京一年多了,可是万里长城却连一次都没去过。

2. 表示不排除另一个有关事物,有"连同"的意思:

(9) 这种水果可以连皮一起吃。

(10) 我向她借照相机用,她连胶卷也一起给我了。

3. 有"包括、算上"的意思

a. 句中有数量词组,动词有时可以省略:

(11) 他们家连厨房、厕所一共是五间。

(12) 我到中国,连这个星期共五个星期。

b. "连……"用于句首,后多有停顿:

(13) 连老师,我们班一共15个人。

(14) 连英语在内,我这学期得考五门。

(三) 除了

也说成"除去、除开",可以跟"外、以外、之外"配合使用。

1. 表示所说的不计算在内

a. 后面用"都、全"呼应:

(1) 除了星期天,他天天都去公司上班。

(2) 除了生病请假的,该来的全来了。

b. 后面用"不、没(有)"呼应:

(3) 除了他,我不和别人来往。

(4) 今天早上,除了写了几封信外,我没有干别的事。

2. 表示除此以外,还有别的,后面常用"还、也"呼应:

(5) 除了中国现代文学课以外,我还选了中国古代文学课。

(6) 小王除了网球打得好,排球和篮球打得也不错。

3. "除了……就是……",表示"不是……就是……",二者必居其一:

(7) 食堂的饭除了米饭就是馒头,太单调了。

(8) 下班以后,他除了看报纸就是听音乐,很少出去。

(四) 除

同"除了"的用法1和用法2,后面一般要有"外、以外、之外"配合使用。如:

(1) 除今天外,哪天去都行。　　　　　　　　　　　（除……外,都……）

(2) 今天除两人以外,别人全来参加考试了。　　　　（除……以外,全……）

(3) 除他外,我不相信别人。　　　　　　　　　　　（除……外,不……）

(4) 除这一次有特殊原因外,我从来没骗过你。　　　（除……外,没……）

(5) 中国除汉族之外,还有五十多个民族。　　　　　（除……之外,还……）

(6) 哥哥除日语以外,也会韩语和泰语。　　　　　　（除……以外,也……）

（五）练习——填空

(1) 这盆花（　　）根烂了。

(2) 双方代表已（　　）进出口大米问题达成协议。

(3) （　　）小王外,我都通知了。

(4) 今天（　　）孩子,一共是 6 个人吃晚饭。

(5) 他（　　）什么话也没说就走了。

(6) （　　）产品质量而言,你们的确在同行业中处于领先地位。

(7) 这件事（　　）老王外,不能告诉其他人。

(8) （　　）上次借的那本,你一共借了我四本书。

(9) （　　）这一本以外,别的我全看过。

(10) （　　）我个人来说,当然希望你们都能去,但是票有限,所以不可能每个人都去。

练 习 十 一

一、按照要求用给出的词造句

1. "把"字句

　　　　如：洗　衣服　干净　→　我把衣服洗干净了。

　　(1) 收拾　　房间　　整齐

　　(2) 摘　　　帽子　　放　　　桌子上

　　(3) 跑遍　　商店　　买　　　这个礼物

　　(4) 生气　　瞪　　　眼睛

　　(5) 老师　　帮助　　明白　　问题

　　(6) 听到　　好消息　高兴　　跳起来

2. "被"字句

(1) 医生　　治好　　我的病
　　(2) 小王　　摔倒　　送　　医院
　　(3) 小树　　刮倒　　大风　　给
　　(4) 要求　　拒绝　　领导　　给
　　(5) 小说　　改编　　电影　　成
　　(6) 经理　　控制　　坏人　　所

3. "比"字句
　　(1) 虚词课难　　口语课容易　　一点儿
　　(2) 喝　　啤酒　　多　　两杯
　　(3) 到　　晚　　十分钟
　　(4) 歌星　　受　　欢迎　　更
　　(5) 坐出租汽车　　走路　　多了　　快
　　(6) 阅读　　写作　　能力　　得多　　好

二、选词填空,限用一次

1.　朝　　向　　往　　对　　给

　　(1) 这所幼儿园的老师(　　)孩子们都非常有耐心。
　　(2) 开(　　)香港的飞机一天有几班?
　　(3) 真对不起,你的自行车(　　)我弄坏了。
　　(4) 汽车一直(　　)海边开去。
　　(5) 节日的夜晚,探照灯的灯光一齐射(　　)天空,真美极了。

2.　给　　为　　替　　比　　就　　跟

　　(1) 去上海的火车票我已经(　　)你买来了,是明天下午的。
　　(2) 你要(　　)大家解释清楚,为什么会发生这种事。
　　(3) (　　)我而言,周末还是更喜欢在家休息,看看书,听听音乐。
　　(4) 他们家的几个孩子,一个(　　)一个能干。
　　(5) 多年来,他一直在(　　)发展中国和日本的贸易关系努力工作。
　　(6) 下星期,我们班打算(　　)三班一起去秋游。

3.　把　　将　　被　　叫　　让　　给

　　(1) 她(　　)解雇了,只好去另找工作。
　　(2) 小声点儿,别(　　)人听见你说的话。
　　(3) 请(　　)化验结果立即送到实验室去。

(4) 这位老人怀念死去的丈夫,(　　)眼睛都哭瞎了。

(5) 我一不小心,(　　)猫抓了一下。

(6) 深夜,我被重重的敲门声(　　)惊醒了。

三、选词填空,限用一次

和　　与　　把　　被　　让　　给　　为　　替
朝　　向　　比　　就　　对　　对于　　关于

1. 她所说的(　　)实际情况不符。

2. 大家在院子里(　　)地而坐。

3. (　　)茅台酒,民间有一个美丽的传说。

4. 弟弟(　　)收集邮票非常感兴趣。

5. (　　)她来说,这点儿困难算不了什么。

6. 我们都(　　)他这种助人为乐的精神所感动。

7. 我(　　)他谈过这件事,但他不同意我的看法。

8. 你去商店时(　　)我买一块橡皮好吗?

9. 我们大家都(　　)一个共同的目标来到中国。

10. 还真(　　)你猜中了,他们俩是夫妻。

11. 小王(　　)你介绍的那个女朋友,你觉得怎么样?

12. 我们(　　)领导汇报了这次活动的情况。

13. 你知道吗,他爱人(　　)他大十岁呢!

14. 他(　　)我看了看,好像要说什么话。

15. 才一个月,他已经(　　)北京的名胜古迹都玩遍了。

四、改正下列病句

1. 除了中国以外,我去过许多亚洲国家。

2. 除了香山公园,我都去过北京的公园。

3. 除了一个同学外,大家上课。

4. 除了那本书以外,我看过别的书。

5. 今天除两人,别人去看电影。

6. 中国除北京,有几个直辖市?

7. 星期天他除睡觉就是看电视,从来不学习。

第三节 引出依据、原因的介词

2.3.1 按　按照

（一）填空

(1) 这本字典（　　）音序排列。

(2) （　　）学生的实际水平来组织教学，是老师必须注意的。

(3) （　　）每斤 5 元计算，买 100 斤共需 500 元。

(4) （　　）理说，我不应该答应你。

（二）比较

1. 后跟名词（包括量词）：

A. (1) 我们应该（　　）时上课。

(2) 我们应该（　　）学校规定的时间上课。

(3) 运动会已（　　）期举行。

(4) 运动会已经（　　）预定的日期举行。

B. (5) 你们必须（　　）着图纸施工。

(6) 大家得（　　）着规定办事。

C. (7) 这个地方可以（　　）年交房租。

(8) 这儿的水果（　　）斤卖。

2. 后跟动词（包括动词性短语、小句）：

(9) （　　）水平高低分班。

(10) （　　）他上星期六离开广州算来，这一两天该回到北京了。

3. 固定用法

与"……说 / 讲 / 来说 / 来讲"搭配，中间插入名词：

(11)（   ）理说，他是会来的。

(12)（   ）一般情况来说，得这种病的主要原因是饮食不当。

（三）小结

1. "按"和"按照"的作用基本相同，都表示行为动作所遵循的标准或依照的条件。

2. "按照"的宾语不能是单音节的，如例(2)(4)，"按"的宾语可以是单音节的。如例(1)(3)。

3. "按照"后不能加"着"，"按"后面如果跟双音节宾语，可以加"着"。如例(5)(6)。

4. "按"可以表示行为动作以某单位为标准，后可跟表示单位的时间名词、量词，如例(7)(8)，"按照"不能。

5. "按"和"按照"后跟动词性成分时，用法相同，如例(9)(10)。

6. 固定用法相同（……说、……讲等），但要受音节控制，如例(11)用"按"。例(12)用两个都可以。

见下表：

	后 跟 名 词				后跟动词	固定用法
	单音节	多音节	＋着	＋单位名词		
按	＋	＋	＋	＋	＋	＋
按照		＋			＋	＋(不跟单音节)

2.3.2 依　依照

（一）填空

1. (1)（   ）法办案。

(2)（   ）法律办理案件。

(3) 大会主席团成员（   ）次就座。

(4) 我们要坚决（   ）上级的指示办事。

(5) 历史总是（   ）自己的规律向前发展，而不是（   ）某个人的意志转移。

(6) 那咱们就（　　）着他说的去做吧。

2.(7)（　　）我看，这个作法至少有三个好处。

(8)（　　）你说，这件事该怎么办？

（二）说明

1."依"和"依照"都表示做某事的依据。

2."依照"的宾语不能是单音节的，如例(2)(4)(5)，"依"的宾语可以是单音节的，并且多用在单音节名词前，如例(1)(3)。

3."依"的宾语如果不是单音节的，"依"后可加"着"，如例(6)。

4."依"可以介绍出对事物产生某种看法或某种说法的人，如(7)(8)，"依照"不能。

见下表：

	表示做事的依据			介绍出对事物有看法的人
	单音节	双音节	＋着	
依	＋	＋	＋	＋
依照		＋		

2.3.3 据　根据

（一）填空

(1)（　　）我的观察，这个孩子很聪明。

(2)（　　）我看，你还需要继续休息。

(3)（　　）我的看法，你还需要继续休息。

(4)（　　）说，他曾得过学校的乒乓球比赛冠军。

（二）比较

1. 后跟名词

A. 跟单音节名词：

(1) 你们要（　　）实向领导汇报。

(2) 你们要（　　）事实向领导汇报。

B. 跟"统计、调查、了解、要求、鉴定……"等表示动作意义的双音节名词：

(3)（　　）有关部门统计,在中国留学的外国留学生已近10万人。

(4)（　　）调查,去东北旅行,这条路线最好。

(5)（　　）气象台预报,明天有五六级大风。

C. 跟一般性双音节名词:

(6) 这个电影是(　　)同名小说改编的。

(7)（　　）现有的材料,我们还不能作出最后的结论。

2. 加"的"

(8)（　　）他的调查,情况并不是这样的。

(9)（　　）同学们的要求,这次教学实习安排去农村小学听课。

3. 后跟小句:

(10)（　　）他看,情况并不是这样的。

(11) 他的病(　　)医生说很快就会好的。

4. 固定用法,"据说":

(12)（　　）说,他最近要结婚了。

(13) 这种感冒药(　　)说效果很好。

(三) 小结

1. "据"和"根据"都表示以某种事物或动作作为前提或依据。

2. "据"后可跟单音节名词,例(1),"根据"不行,例(2)。

3. "据"后跟双音节名词时,一般是表示动作意义的双音节名词,例(3)—(5),而"根据"不受这个限制,它的后面既可以跟表示动作意义的双音节名词,例(3)—(5),也可以跟一般性双音节名词,例(6)(7)。

4. "根据"后跟表示动作意义的双音节名词前,如果有表示施事的名词出现,中间往往加"的",例(8)(9),"据"不受这个限制。

5. "据"后可跟"某人说""某人看"之类的小句,例(10)(11),"根据"没有此用法。

6. "据说"是一个固定用法,表示根据别人说,根据传说,例(12)(13),"根据"无此用法。

见下表:

	后跟名词				后跟小句	固定用法"据说"
	一般单音节	一般双音节	表示动作意义的双音节			
			加"的"	不加"的"		
据	+		+	+	+	+
根据		+	+			

2.3.4 按(按照) 依(依照) 照

（一）按照　依照

1. 填空

　　（1）中华人民共和国公民有（　　）法律纳税的义务。

　　（2）（　　）计划规定，我们下个学期要去南方教学实习。

　　（3）（　　）婚姻法，女子二十岁可以结婚。

　　（4）（　　）他的看法，不经常洗澡是对身体的一种保护。

2. 小结

"按照"和"依照"都表示遵从某种规定、标准，但是，"依照"强调完全照办，不能变动，所以在法律条文、文件、命令中常用"依照"，如例(1)(3)，而"按照"所遵从的规定往往是不成文的，可以改动的，如例(2)(4)。

（二）按　照

1. 填空

A. 后跟普通名词：

　　（1）（　　）老师说的去做。

　　（2）就（　　）你说的办。

　　（3）（　　）着这个速度生产，保证能完成任务。

　　（4）我们是（　　）计划执行的，怎么会错呢？

B. 后跟表示单位的名词：

　　（5）出租汽车（　　）公里收费。

　　（6）学校规定（　　）班组织春游。

C. 后跟小句：

　　（7）（　　）一天记10个生词算，一个月可以学习300个新词。

　　（8）（　　）你明年7月毕业算，你还有10个月时间写论文。

D. 表示"模仿"的意思：

(9) 妈妈(　　)着纸样裁剪衣服。

(10) 我要(　　)你的发型去理发。

2. 小结

A. 当表示遵从某种标准或依据某个条件时,两者相同,可以互相替代,例(1)—(4)和例(7)(8)。

B. "按"后还可跟表示单位的名词,表示行为动作以某单位为标准,例(5)(6),"照"没有这个用法。

C. "照"有模仿,照着某种现成的样子去做的意思,例(9)(10),"按"没有。

(三) "照＋代词＋看/说"

这个句型用来介绍出具有某种看法的人,类似的介词短语还有：

1. 依……看/说

2. 据……看/说

3. 根据……的看法

4. 按照……的看法/说法

5. 在……看来

说明：

这五个格式所表示的意思基本相同,都是介绍出具有某种看法的人,但是用法上有细微差别,主要表现在介词后所跟的成分不完全相同：

1. "照"和"依"后多跟人称代词"你"、"我"。

2. "据"的情况比较复杂,在"据……看"中,"据"后多跟"你"、"我",在"据……说"中,"据"后不跟"你"、"我",多跟人称代词"他"或一般指人的名词,如"医生、老师、一些人……"等。

3. "根据"、"按照"、"在"后既可以跟"你"、"我",又可以跟"他",还可以跟一般指人的名词。

见下表：

	插入		
	你、我	他	指人名词
照……看 / 说　依……看 / 说	+		
据……看	+		
据……说		+	+
根据……的看法 / 说法 按照……的看法 / 说法 在……看来	+	+	+

(四) 练习

1. 用"按、按照、依、依照、据、根据、照"填空

   (1) 如果你们(　　)着我说的去做,一定成功。

   (2) (　　)我的经验,看电视对提高听力很有帮助。

   (3) (　　)此类推,就可以得出正确的答案。

   (4) (　　)每班十五个人编班。

   (5) 关于工资待遇,咱们一定要(　　)理力争。

   (6) (　　)气象台的预报,后天有寒流。

   (7) 我这是(　　)你的要求去做的,你怎么还要我重做?

   (8) (　　)新公布的教师法,农村各级学校不能以任何理由拖欠教师工资。

   (9) 这里的出租汽车是(　　)小时收费,还是(　　)公里收费?

2. 用"照、依、据、根据、按照、在"填空

   (1) (　　)我的看法,学习一种外语,最难的是听力。

   (2) (　　)医生的说法,吸烟会缩短人的寿命。

   (3) (　　)小王的妈妈说,小王得的是一种皮肤癌,很难治。

   (4) (　　)我说,咱们还干咱们的,别管人家说什么。

   (5) (　　)我看,他是故意不来的。

   (6) (　　)他说,买一张明天晚上音乐会的票要一百块钱。

   (7) (　　)许多同学看来,考试是帮助他们学习的一种很好的方法。

   (8) (　　)你看来,比赛失败的主要原因是什么?

   (9) (　　)你看,造成这起交通事故的责任在谁?

2.3.5 以 凭 拿

（一）以

1. 表示行为、动作的凭借、方式或者手段，有"用、拿、按"的意思：
   (1) 同学们都以实际行动响应学校植树造林的号召。
   (2) 人们以饱满的热情参加了游泳比赛。
2. 表示行为动作的原因，有"由于、因为、靠"的意思，后面常有"而"搭配使用：
   (3) 中国的万里长城以它的雄伟而闻名于全世界。
   (4) 这里以生产大米而著名。
3. 表示补充说明，"以"要出现在单音节动词后，多用于书面语：
   (5) 观众们对精彩的表演报以热烈的掌声。
   (6) 他这样做，完全是出以好心。
4. 固定用法

   A. 给……以……，表示给予：

   (7) 大家都给她以热情的帮助。

   (8) 经理应该给这些积极提建议的员工以大力支持。

   B. 以……为……，表示两者之间的关系，有"把……作为……"或"认为……是……"的意思：

   (9) 她总是以苦为乐。

   (10) 在这些参加展出的画中，以齐白石的画为最多。

5. 指出处所界限，宾语是单音节方位词：
   (11) 长江以南主要生产大米。
   (12) 黄河以北住着大批牧民。

（二）凭

"凭"的主要作用是表示凭借、依靠、根据。

A. 后跟名词或名词性短语（常加"着"）：

   (1) 凭票入场。
   (2) 凭双手吃饭。
   (3) 他常常凭着自己的经验办事。
   (4) 警察就凭着这一点线索，抓到了小偷。

B. 后跟形容词、动词或小句：
　　(5) 不能总凭热情工作，还得积累经验。
　　(6) 要当一名优秀的运动员，只凭自己努力还不够，还要靠教练的指导。
C. 固定用法，"凭什么"，用于质问：
　　(7) 我凭什么要相信你的话？
　　(8) 你凭什么这样说我？

(三) 拿

1. 引进所处置的对象，有"把、对"的意思，后面的动词限于"当、没办法、怎么样、开心、开玩笑"等：
　　(1) 你别拿别人当傻子，大家心里都明明白白的。
　　(2) 你能拿他怎么样？
　　(3) 不要拿别人的缺点开玩笑。
2. 引进所凭借的工具、材料、方法等：
　　(4) 你不要拿老眼光看人。
　　(5) 请你们拿事实来证明。
　　(6) 我们应该拿什么标准来衡量人的好坏呢？

(四) 练习——填空
　　(1) 他（　　）着顽强的毅力，战胜了疾病。
　　(2) 你们又（　　）小王开心了。
　　(3) 全体队员都（　　）取得了这次比赛的胜利而感到骄傲。
　　(4) 我们决不能给对方（　　）还手的机会。
　　(5) （　　）事实作出判断。
　　(6) 你要有自己的意见，不要（　　）别人的意志为转移。
　　(7) 咱们（　　）尺子量量吧，看看这块布有多长。
　　(8) 光（　　）你说还不行，还得听听别人怎么说。

2.3.6 趁

"趁"的作用是介绍所利用的条件或机会，多用于口语，宾语如果是双音节以

上的词语,可说成"趁着":

A. 用于名词前:

(1) 爸爸总是趁星期天多睡一会儿。

(2) 趁着休息的时候他帮我调整了电脑装置。

(3) 你们应该趁着在中国学习的机会,多游览一些地方。

B. 用于形容词前:

(4) 饺子刚煮好,快趁热吃吧。

(5) 趁年轻,应该多学习一点有用的知识。

(6) 趁着凉快,再多散一会儿步吧。

C. 用于动词短语前:

(7) 趁来得早,打扫了一下办公室。

(8) 咱们趁着现在有钱,赶快买一套房子吧。

(9) 趁他走得不远,赶快把他追回来。

D. 用于小句前:

(10) 爷爷决定趁身体还不错,再工作几年。

(11) 弟弟趁着妈妈不注意,又吃了一大块巧克力。

2.3.7 以 为 由 由于

汉语中引出原因、目的的介词主要有四个"以、为、由、由于"。其中,"以、为、由"已分别在前几节("以"在2.3.5"为"在2.2.6"由"在2.1.3)中讨论过,本节只讨论"由于"。

(一) 由于

"由于"的基本用法:

A. 用在句子前一部分,后一部分说明结果:

(1) 由于身体原因,父亲提前退休了。

(2) 运动会由于天气原因而改期举行了。

(3) 由于小李的帮助,我才顺利地度过了手术后的这一段日子。

(4) 由于客观情况比较复杂,也由于我们主观上的因素,这次采访活动没有成功。

B. 用在句子的后一部分，补充说明原因：

  (5) 我们能顺利地通过资格考试，都是由于你的帮助。

  (6) 你才跑了100米就累成这个样子，这都是由于平时缺乏锻炼。

(二) 练习——用"由于"和"趁"填空

  (1) 飞机（　　）天气原因而延期起飞了。

  (2) 咱们（　　）晴天晒晒被子吧。

  (3) 这次比赛我们能取得这么好的成绩，完全是（　　）大家共同努力的结果。

  (4) 有病应（　　）早去医院。

  (5) 老板（　　）还没有开始施工，又修改了一下施工计划。

练 习 十 二

一、选词填空

  1.　　按照　　依照

  (1) 我正在（　　）你告诉我的方法减肥。

  (2) 现在全国各地都正在（　　）教师法检查本地的教师政策。

  (3) 你在黑市换钱，是（　　）什么比价换的？

  2.　　按照　　根据

  (1) 我们（　　）老师说的去做，天天看电视，听力果然提高了。

  (2)（　　）一般情况来说，这个病三个月左右就完全恢复了。

  (3)（　　）群众的反映，汽车公司决定在这条路线上增加车次以解决拥挤问题。

  3.　　依　　按照　　据

  (1) 你是一名法官，一定要（　　）法办案。

  (2)（　　）说，这个月可能会有地震。

  (3)（　　）说，这个会我是应该去参加的。

  (4)（　　）老习惯，谁输了谁喝一杯酒。

  4.　　以　　凭

  (1) 我（　　）家长的身份参加了学校的运动会。

  (2)（　　）我的经验，下午一定会下雨。

  (3) 你（　　）什么干涉别人的自由？

(4) 杭州风景（　　）西湖为最著名。

5.　　凭　　由

(1) 单（　　）这一点，就可以给你定罪。

(2) 水是（　　）什么组成的？

(3) 脚步声（　　）远而近，原来是我的同屋回来了。

(4) 她（　　）着一股顽强的精神，坚持跑到了终点。

6.　　拿　　凭

(1) 这个孩子太淘气了，我真（　　）他没办法。

(2) 你怎么老（　　）身体不好作为借口，拒绝参加集体活动。

(3) 哥哥（　　）着自己的努力，考上了理想的大学。

(4) 无论什么人，一律（　　）借书证借书。

7.　　由　　由于　　为

(1) （　　）我们的友谊干杯！

(2) 他做一切事都先（　　）别人着想。

(3) 他们俩（　　）一般朋友而发展为无话不说的好朋友。

(4) （　　）取得更好的效果，医生建议我住院治疗。

(5) （　　）听了医生的话，我的病好得很快。

(6) （　　）工作关系，我必须提前回国。

(7) （　　）方便读者起见，图书馆延长了开放时间。

二、选词填空，限用一次

　　　　按　按照　依　依照　据　根据　照
　　　　以　凭　由　拿　趁　为　由于

1. 你（　　）哪一条判我有罪？

2. 领导对他的成绩给（　　）了充分的肯定。

3. 我们双方都必须严格（　　）合同的规定开展贸易。

4. 中国人民正在（　　）实现四个现代化而努力奋斗。

5. 请大家不要拥挤，（　　）顺序上车。

6. 这次失败完全是（　　）客观原因造成的。

7. （　　）你看，我是去好呢，还是不去好呢？

8. （　　）他指的方向往南走，我们很快就找到了这家饭店。

9. （　　）我爷爷讲，我们家祖祖辈辈都是农民。

10.（　　）调查资料显示,中国的汽车市场有很大潜力。

11.（　　）我们家来说,这几年生活水平提高得非常快。

12.（　　）天还没下雨,咱们赶快回家吧。

13. 星期天,爸爸总是（　　）菜谱做一个菜。

14. 我不能跟你一起去旅行,不是（　　）经济原因,而是（　　）身体。

三、给下列短文填上适当的副词或介词

1. 问　　路

上星期,我（　　）日本来到北京留学,第二天,我（　　）一个人去市中心玩儿。（　　）我们学校到市中心（　　）远,（　　）我是第一次来北京,所以（　　）西单我迷路了。我（　　）一位老大爷打听:"老大爷,请问去天安门怎么走?"老大爷（　　）我笑了笑,告诉我说:"这儿（　　）天安门不远了,（　　）着马路一直（　　）东走,（　　）可以到天安门。"我（　　）他告诉我的,很快（　　）找到了天安门广场。

2. "留学生"这个词是怎么来的

我（　　）中国的历史和文化（　　）感兴趣。今年夏天,我去了一次中国,参加了北京大学暑假办的一个汉语学习班,成了北大的留学生,（　　）那儿学习了六个星期。

"留学生"这个词是怎么来的?为什么（　　）外国学生（　　）叫作"留学生"呢?（　　）弄清这个词的来源,我（　　）在中国学习的机会,请教了中国老师。（　　）老师的帮助下,我搞清楚了"留学生"这个词是日本人创造的。中国唐朝的时候,经济发展（　　）快,科学文化水平（　　）高。日本政府多次派使者和学生到中国访问。访问结束后,使者们回国了,学生们（　　）留（　　）中国,（　　）学习唐朝的科学文化。这些留下来的学生（　　）叫作"留学生"。后来,"留学生"这个词（　　）汉语里（　　）沿用下来。

第三单元　连　词

连 词 概 述

连词主要用来连接词、短语或者分句,表示两个或两个以上的词、短语或分句之间的某种关系,如"你和我",连词"和"连接"你"、"我",表示它们之间是联合关系。"因为天气不好,所以我们没去爬山",连词"因为"、"所以"连接两个分句,表示两个分句之间是因果关系。

3.0.1　连词列举

(一) 指出下列句中的连词,并试着归纳出被连接成分之间的不同关系:
(1) 我跟我的同屋都喜欢看中国电影。
(2) 这位售货员对自己所卖商品的型号、产地及价格都非常熟悉。
(3) 今天是星期二还是星期三?
(4) 要么你去,要么我去,反正得去一个人。
(5) 听说小王生病住院了,于是大家下课后买了水果去看他。
(6) 先是听到一阵脚步声,接着就看到几个人走了进来。
(7) 他学过法文,而且去法国留过学。
(8) 这本字典是新出版的,况且又不贵,买一本吧。
(9) 他考试的时候偷看别人的,因此被取消了考试资格。
(10) 既然大家都同意了,我就不说什么了。
(11) 无论我怎么解释,他们都不相信。

(12) 只要努力,就一定能学好汉语。

(13) 我是喜欢看小说,但是你说的这本我没看过。

(14) 这里的环境、风景都很美,然而最美的还是这里的人,他们给予了我们人间最美好的真情。

(15) 虽然我们见过几次面,可是从来没有谈过话。

(16) 哪怕困难再大,我们也要完成任务。

(17) 要是你不舒服的话,就回去休息吧。

(18) 假如我有钱,我也买一辆你这样的汽车。

(19) 咱们早点儿走吧,省得迟到。

(20) 妈妈把第二天旅行要用的东西一一准备好,免得临走时忘了。

小结:

A. 以上各句中的连词分别为:

(1) 跟　　　(2) 及　　　(3) 还是　　(4) 要么
(5) 于是　　(6) 接着　　(7) 而且　　(8) 况且
(9) 因此　　(10) 既然　　(11) 无论　　(12) 只要
(13) 但是　　(14) 然而　　(15) 虽然　　(16) 哪怕
(17) 要是　　(18) 假如　　(19) 省得　　(20) 免得

B. 上述连词所表示的被连接成分之间的关系可以归纳为:

1. 并列关系:例(1)(2)
2. 选择关系:例(3)(4)
3. 承接关系:例(5)(6)
4. 递进关系:例(7)(8)
5. 因果关系:例(9)(10)
6. 条件关系:例(11)(12)
7. 转折关系:例(13)(14)
8. 让步关系:例(15)(16)
9. 假设关系:例(17)(18)
10. 目的关系:例(19)(20)

(二) 常用连词列举

1. 表示并列关系的连词:

和　跟　同　与

第三单元　连　词

　　　　及　以及

　　　　既　又　也

　　　　一边　一面　一方面

　　　　不是……而是……

2. 表示选择关系的连词：

　　　　或　或者　还是

　　　　要么

　　　　宁可　与其

　　　　不是……就是……

3. 表示承接关系的连词：

　　　　先……然后……

　　　　于是

　　　　那　那么

　　　　就　便　接着

4. 表示递进关系的连词：

　　　　并　并且

　　　　而　而且

　　　　不但　不仅　不光　不单

　　　　何况　况且

　　　　甚至　甚至于

　　　　以至　以至于

5. 表示因果关系的连词：

　　　　因为　由于

　　　　既然　既

　　　　所以　因此　因而　从而

　　　　以致　难怪

6. 表示条件关系的连词：

　　　　无论　不论　不管

　　　　只有　只要

　　　　除非

7. 表示转折关系的连词：

　　　　但　但是　可　可是　不过　然而

却　只是

8. 表示让步关系的连词：

　　虽　虽然　尽管

　　即使　哪怕　就是

　　固然

　　尚且

9. 表示假设关系的连词：

　　如果　要是

　　假如　假若　假使

　　否则　不然　要不然　万一

10. 表示目的关系的连词：

　　省得　免得　以免

　　以　以便

3.0.2 连词的特点和作用

（一）有些连词要与副词配合使用

A. 判断对与错

(1) a. 如果你去,我就去。

　　b. 如果你去,我去。

　　c. 如果你去,我又去。

(2) a. 只有努力,就能达到自己的目的。

　　b. 只有努力,才能达到自己的目的。

　　c. 只有努力,能达到自己的目的。

(3) a. 无论天气好不好,我去游泳。

　　b. 无论天气好不好,我还去游泳。

　　c. 无论天气好不好,我都去游泳。

(4) a. 我即使再胖,赶不上你。

　　b. 我即使再胖,也赶不上你。

　　c. 我即使再胖,就赶不上你。

B. 小结：

1. 以上四组句子中对的句子是：(1)a、(2)b、(3)c、(4)b。错句的原因不是因为用错连词"如果、只有、无论、即使"，而是因为这些连词后缺少起关联作用的副词"就、才、都、也"，也就是说，以上四个连词在使用时必须有副词与之配合。

2. 什么连词跟什么副词配合使用都是固定的，不能随便搭配，如(1)c、(2)a、(3)b、(4)c四个句子中也分别有副词出现（如果……又……、只有……就……、无论……还……、即使……才……），但都是错句。

3. 正确的格式应该是：

      如果……就……

      只有……才……

      无论……都……

      即使……也……

4. 连词在句中往往要与起关联作用的副词相搭配，这是连词在使用上的一个重要特点。能起关联作用的副词主要有：还、再、又、也、都、就、却、便。

(二) 有些连词同时也是介词

A. 判断下列句子中哪个是连词，哪个是介词：

(1) a. 哥哥和姐姐都会讲英语。

    b. 哥哥和姐姐讲英语，可是姐姐听不懂。

(2) a. 小王跟小张都知道这件事了。

    b. 小王跟小张说了这件事。

(3) a. 爸爸和妈妈都喜欢听音乐。

    b. 妈妈和爸爸都喜欢听音乐。

(4) a. 老师和我讲英语，可是我听不懂。

    b. 我和老师讲英语，可是老师听不懂。

(5) a.   小王跟小张都已经大学毕业了。

    b. ×小王已经跟小张都大学毕业了。

    c.   小王已经跟小张打了电话。

    d. ×小王跟小张已经打了电话。

B. 小结：

1. "和"与"跟"既是连词，如例(1)a、(2)a，又是介词，如例(1)b、(2)b。

2. 连词所连接的两个成分是平等的、并列的，因此可以互换位置，换位后句子意思不会改变，如例(3)a、(3)b；而介词前后的两个成分之间不平等，有主次之分,所以不能随便换位置,如果换了位置,句子意思就要改变,如例(4)a、(4)b。

3. 如果要在句中放其他成分(如状语"已经"),在使用连词的句子里,只能放在连词所连接的成分后,不能放在连词前,因此例(5)a是对的,例(5)b是错句。而介词前则可以任意插入其他成分,例(5)c是对的,例(5)d反而是错句。

(三)关联词的作用

连词和起关联作用的副词统称为关联词。关联词都是虚词,它们并不表示实在的词汇意义,但是使用不同的关联词却可以使句子产生完全不同的意义,例如"你去"和"我去"是两个极简单的单句,但是它们可以和不同的关联词组成各种不同关系的复句,如以下各例:

(1)(今天的会议)你去,我也去。　　　　(并列关系)
(2)不但你去,我也去。　　　　　　　　　(递进关系)
(3)你去还是我去?　　　　　　　　　　　(选择关系)
(4)或者你去,或者我去。　　　　　　　　(选择关系)
(5)如果你去,我就去。　　　　　　　　　(假设关系)
(6)要是你去,我也去。　　　　　　　　　(假设关系)
(7)只有你去,我才去。　　　　　　　　　(条件关系)
(8)只要你去,我就去。　　　　　　　　　(条件关系)
(9)除非你去我才去,否则我不去。　　　　(条件关系)
(10)因为你去,所以我才去。　　　　　　 (因果关系)
(11)既然你去,那么我也去。　　　　　　 (因果关系)
(12)即使你去,我也不去。　　　　　　　 (让步关系)
(13)与其你去,不如我去。　　　　　　　 (选择关系)
(14)不管你去不去,我都不去。　　　　　 (条件关系)

从上述例子中,我们可以清楚地看到关联词在句子中所起的作用是很大的,特别是在组织复句时,使用不同的关联词会使句子所表达的意思很不相同,因此,在组织复句时必须特别慎重,要选择最合适的关联词。

练 习 十 三

一、用适当的关联词把下列各组句子组成复句

例如:我们每天上午有课。

　　　　我们每天下午有课。
　　　→ 我们每天上午和下午都有课。

1. 小王是上海人。
   小王的爱人是上海人。

2. 你是从日本来的吗？
   你是从韩国来的吗？

3. 天气好，我骑自行车上班。
   天气不好，我骑自行车上班。

4. 哥哥假期里要在实验室做实验。
   哥哥不回家过春节。

5. 我最近学习很忙。
   我没有时间给你写信。

6. 她和她爱人性格合不来。
   他们离婚了。

7. 坐 320 路公共汽车可以到颐和园。
   坐 375 路公共汽车也可以到颐和园。

8. 作报告的人说话太快。
   我听懂一半。

9. 你天天看电视。
   你的汉语水平会提高。

10. 公司领导讨论了这个新的发展计划。
    公司领导通过了这个新的发展计划。

11. 我和哥哥在同一所大学读书。
    我和哥哥不常见面。

12. 你们应该有工作热情。
    你们应该有科学态度。

13. 这个地区的经济不太发达。
    这个地区的文化比较落后。

14. 爸爸上班迟到了，他不是起晚了，他在上班的路上遇到了一个老同学，聊了一会儿天，耽误了时间。

二、找出下列句中的关联词，并说明它们在句中所表现的分句间的不同关系
　　如：要是明天不下雨，我们就去钓鱼。

关联词是：要是……就……，表示假设关系。

1. 这里的空气很新鲜，风景也很美。
2. 这家商店的东西不但质量好，价钱也便宜。
3. 咱们先看一会儿电视，然后再出去吃饭。
4. 既然天气不好，咱们就别去了。
5. 即使天气再不好，咱们也得去。
6. 我很想和你们一起去爬山，不过今天我有别的事，不能去了。
7. 他不来参加晚会，不是没时间，而是身体不舒服。
8. 与其坐那么挤的公共汽车，不如走着去。
9. 如果我是你的话，一定不喝那么多酒。
10. 那儿太远了，要么坐公共汽车，要么坐出租车，反正不能走着去。
11. 这部动画片电影大人都喜欢看，何况孩子呢？
12. 不管学习怎么紧张，他都坚持锻炼身体。
13. 虽然我去过两次西安，可是都没去兵马俑参观。
14. 我之所以来中国，是因为我要学习汉语，也是为了了解中国。
15. 我哥哥又会英语，又会法语。
16. 妈妈宁可自己少吃一点儿，也要让孩子们吃饱、吃好。

三、选择合适的关联词填空

　　还　又　也　都　却　才　就

1. 只要按时吃药，按时休息，你的病很快（　　）会好的。
2. 即使你不告诉我，我（　　）能猜到。
3. 无论做什么事，（　　）要有毅力。
4. 只有这个办法（　　）能解决问题。
5. 如果你早来一会儿，（　　）能看到他了。
6. 大家都按时来了，一向遵守时间的小王（　　）没来。
7. 他们不但到机场接我，（　　）为我安排好了旅馆。
8. 他的女朋友既聪明（　　）漂亮，他很得意。
9. 不但他去了，我（　　）去了。
10. 他不仅去了，（　　）参加了一项比赛。
11. 如果你身体不舒服的话，（　　）不要去上班了。
12. 不光我不认识这个字，老师（　　）不认识。

第三单元　连　词

第一节　表示并列、选择关系的关联词语

表示并列和选择关系的关联词语除了出现在复句中,表示分句间的并列和选择关系外,还常常出现在单句里,连接词和词组。

3.1.1 和　跟　同　与

(一)

A. 填空

(1) 去年(　　)今年粮食都丰收了。

(2) 我(　　)他都是四川人,都爱吃辣的。

(3)《语言教学(　　)研究》

(4) 两国之间的经济(　　)文化有了进一步的发展。

(5) 北京、上海(　　)天津都是直辖市。

(6)《关于目前的形式(　　)我们的任务》

(7) 我出门前把门(　　)窗户都关上了。

(8) 父亲(　　)母亲都参加了我的毕业典礼。

B. 说明

1. 这四个词一般连接名词和代词,都表示平等的联合关系。

2. 区别是:

a. "跟"多用于口语,如例(2)(7)。

b. "同"多用于书面语,如例(4)(8)。

c. "与"也多用于书面语,如例(4)(8)也可以用"与",并且多用于书名或标题,如例(3)(6)。

d. "和"比较自由,除了书名和标题外,一般都可以用"和",特别是当书面语或口语的意味都不太浓时,多用"和",如例(1)(5)。

(二) 和

A. 辨别正误

(1) a. 他的房间干净和舒服。
　　b. 他的房间干净,舒服。
　　c. 他的房间又干净又舒服。

(2) a. 那位服务员,工作很认真和很热情。
　　b. 那位服务员,工作很认真,很热情。
　　c. 那位服务员,工作认真而且热情。

(3) a. 北京的冬天常常刮风和有时候下雪。
　　b. 北京的冬天常常刮风,有时候下雪。
　　c. 北京的冬天常常刮风,有时候还下雪。

(4) a. 我感冒了,头疼和发烧。
　　b. 我感冒了,头疼,发烧。
　　c. 我感冒了,头疼,还发烧。

(5) a. 我要去邮局和寄信。
　　b. 我要去邮局寄信。

(6) a. 昨天下课以后我回宿舍和洗了衣服。
　　b. 昨天下课以后我回宿舍洗了衣服。

(7) a. 我和同屋互相帮助,我教他日语和他教我英语。
　　b. 我和同屋互相帮助,我教他日语,他教我英语。
　　c. 我和同屋互相帮助,我教他日语,他也教我英语。

(8) a. 下午我收拾了屋子和我洗了衣服。
　　b. 下午我收拾了屋子,洗了衣服。
　　c. 下午我收拾了屋子,还洗了衣服。

B. 说明:

1. 以上各组句中的 a 句都是错句。

2. 错误的原因是:

a. 两个形容词之间不能用"和"连接,可删去"和",换用逗号,也可以用"又……又……"格式,还可以把"和"改为"而且"[见例(1)(2)]。

b. 两个并列的动词性词组之间一般也不用"和"连接,要删去"和",改为逗号,或者在第二个动词前边加上"还"[见例(3)(4)]。

c. 表示连续发生的两个动词性词组之间也不能用"和",删去"和",不必加逗号[见例(5)(6)]。

d. "和"也不能用来连接句子,应删去[见例(7)(8)]。例(7)的两个句子,主语不同,这时还可以在第二个动词前边加上"也"。例(8)的两个句子,主语相同,这时可在第二个动词前加上"还"。

3.1.2 及 以及

(一) 填空

(1) 产品的数量(　　)质量问题还需要进一步解决。

(2) 这项措施引起了学校(　　)社会的普遍不满。

(3) 工人、农民(　　)知识分子都拥护这个政策。

(4) 北京、上海、广州(　　)其他一些大中城市都在流行这种颜色。

(5) 北京、上海、广州,(　　)其他一些大中城市都在流行这种颜色。

(6) 工人、农民、商人,(　　)社会各界都拥护这个政策。

(7) 考试的内容、方式(　　)时间,一会儿再告诉大家。

(8) 来听这位作家演讲的,有本校师生、外校师生(　　)一些社会上的文学青年。

(9) 他们俩是如何认识、如何相爱(　　)又是如何离婚的,我都知道得一清二楚。

(10) 妈妈关心我在中国的一切:身体好不好?吃得怎么样?天气冷不冷?(　　)交通情况如何?等等。

(11) 这几个虚词很重要,你们应该掌握好它们的意义(　　)其用法。

(12) 作家在报告会上介绍了这本小说的主要情节(　　)其创作过程。

(二) 小结

A. 共同点:

1. 都可以用来连接并列的名词或名词性词组,当连接三项以上时,都用在最后一项前。如果被连接的成分是名词,并且只有两项,就用"及",例(1)(2);如果连接三项以上,用"及"或"以及"都可以,如例(3)(4)。

2. 连接的成分如果有主次之分,意思的重点一般在"及、以及"前,如例(7)(8)。

B. 不同点:

1."以及"前面可以有停顿,"及"不能,如例(5)(6)。

2."以及"可以连接动词性词组或者小句,"及"不能,如例(9)(10)。

3."及"可以同"其"连用,"及其"等于"和(他们)的","以及"没有这个用法,如例(11)(12)。

(三)练习——填空

(1) 这家商店主要经营电视机、洗衣机、电冰箱(　　)各种家用电器。

(2) 听了医生介绍完病情,病人(　　)其家属都很着急。

(3) 公司的事、家里的事,(　　)朋友的事,他都处理得很好。

(4) 同学们开展了各种体育运动,跑步、游泳、打球(　　)爬山等。

(5) 代表团访问了四个国家,美国、墨西哥、加拿大(　　)澳大利亚。

(6) 由于自己的努力,(　　)老师傅的帮助,他很快就掌握了这门技术。

3.1.3 既 又 也

(一)既

"既"常连接并列成分,表示不止这一方面,要跟"又、也"配合使用,组成下列格式:

1. 既……又……

连接形容词或动词词组,表示同时具备两个方面的性质或情况。如:

(1) 这里的环境既优美又安静。

(2) 她的小女儿既漂亮又聪明,很可爱。

(3) 这家工厂生产的产品既便宜,质量又好,受到了顾客的欢迎。

2. 既……也……

连接两个结构相同或相似的词组,后一部分表示进一步的补充说明。如:

(4) 我们班既有公费生,也有自费生。

(5) 我既不同意你的意见,也不同意他的意见。

(6) 他既没打电话来，我也没打电话去。

（二）又

表示几个动作、几种情况相继发生或同时发生。有以下三种用法：

1. 只用于后一项，组成"……，又……"式：

   (1) 星期天我先洗了衣服，又收拾了房间。

   (2) 下课以后，他又去图书馆看了一会儿书。

2. 每一项都用"又"，组成"又……，又……"式：

   (3) 弟弟长得又高又壮。

   (4) 这台电视机质量又好，价钱又便宜。

3. 和"既"配合使用，组成"既……又……"格式：

   (5) 改进了工具以后，既节约了人力，又节约了财力。

   (6) 吸烟既不利于本人的身体健康，又危害别人。

（三）也

表示两事相同。

1. 只用于后一项，组成"……，也……"式，这时前后分句的主语不同：

   (1) 风停了，雨也停了。

   (2) 小王喜欢吃辣子鸡丁，巧得很，他的同屋也喜欢吃辣子鸡丁。

   (3) 我觉得，人太自信了不好，太谦虚了也不好。

2. 每一项都用"也"，组成"也……，也……"式，有时可以三个以上的"也"连用：

a. 前后分句的主语相同：

   (4) 我把这件事也告诉了他，也告诉了他太太。

   (5) 你的话，我也相信，也不相信。

   (6) 父亲平时也不喝酒，来客人的时候也不喝酒。

b. 前后分句的主语不同：

   (7) 天也亮了，雨也停了。

   (8) 课文也读了，作业也做完了，明天的新课也预习了，今天的事都干完了。

（四）又　也

A. 填空

(1) 哥哥出国留学了,姐姐(　　)出国留学了。

(2) 你猜错了,他(　　)猜错了。

(3) 这个人上午来过,下午(　　)来了。

(4) 他低着头走过来(　　)走过去。

(5) 他(　　)会唱歌(　　)会跳舞。

(6) 既然他(　　)不同意,你(　　)不同意,那就算了。

(7) 他的女朋友(　　)能说英语,(　　)能说法语。

(8) 这家饭店的菜(　　)好吃(　　)便宜。

(9) 坐地铁进城既方便(　　)经济。

(10) 得这种病,既要注意多休息,(　　)要注意作适当的运动。

B. 小结

1. "也"常用来强调和其他人的动作相同,"又"常用来强调和自己以前的动作相同,因此,用"也"的句子一般要有两个主语[例(1)(2)(6)],用"又"的句子一般只有一个主语[例(3)(4)(5)]。

2. 在"又……又……"、"既……又……"格式中,一般多用形容词[例(8)(9)],而在"也……也……"、"既……也……"格式中,一般多用动词[例(7)(10)]。

3.1.4　一边　一面　一方面

说明:

1. "一边"和"一面"的用法基本相同,都表示一个动作或事情跟另一个动作或事情同时进行,一般情况下连用,组成"一边……一边……"、"一面……一面……"格式。如:

(1) 他们一边跳,一边唱。

(2) 房东一边和我们说着话,一边不停地包着饺子。

(3) 我找了份临时工作,现在是一面打工,一面学习。

(4) 入场式上,运动员们一面走,一面高呼口号。

2. "一边"连用的时候,常常可以省略"一",只用"边"。如:

(5) 他边说边站起身来,打算出去。

(6) 爸爸喜欢边听音乐边写小说。

3. "一方面"一般也连用,组成"一方面……一方面……"格式,表示两种情况同时存在。后一个"一方面"前面可加"另",后面带有副词"又、也、还"等。如:

(7) 我们一方面感到他的建议是合理的,一方面又感到实行起来很困难。

(8) 一方面由于经济原因,另一方面还由于身体状况不太好,他决定退学了。

4. "一边、一面、一方面"的区别是,"一方面"侧重表示并存的两个方面,在时间上常常有先后。"一边、一面"侧重表示同时进行的两种行为、动作。比较:

(9) 他们打算一方面靠自己的力量克服困难,另一方面也向有关人士请教。

(10) 他们一边／一面修理,一边／一面查有关资料。

3.1.5 或者 还是

(一) 或者

1. 表示选择

a. 只用一个"或者":

(1) 我下午或者晚上得去一趟理发店。

(2) 看电视或者看电影都行,我都喜欢。

b. 两个或两个以上"或者"连用:

(3) 你或者同意,或者反对,总得表示个意见。

(4) 或者你去,或者我去,或者他去,总得要去一个人。

2. 表示几种情况交替出现,只用于动词前:

(5) 我星期天,或者睡觉,或者看书,或者找朋友聊天。

(6) 或者刮风,或者下雨,或者是阴天,这儿的天气真不好。

3. 用于"不管、不论、无论"句中,表示包括所有的情况:

(7) 不管大人或者孩子,人人都喜欢这位歌手。

(8) 无论你同意或者不同意,都改变不了我的决定。

(二) 还是

1. 表示选择

A. 用于问句,主要格式有:

a. 还是……还是……

(1) 你还是同意还是不同意？

(2) 晚上的会还是你去还是他去？

b. 是……还是……

(3) 今天是星期二还是星期三？

(4) 他说的是真还是假？

c. 还是……

(5) 去电影院,坐公共汽车快,还是骑自行车快？

(6) 明天的比赛,让小王上场呢？还是让小李上场？

B. 用于陈述句,表示不确定的看法,句中一般要出现否定词"不"或"没"：

(7) 我不知道他说的是对还是错。

(8) 明天去还是后天去,还没有最后定下来。

2. 表示不受所说的条件的影响,多用于"不管、不论、无论"句中：

(9) 无论刮风还是下雨,他天天都坚持跑步。

(10) 不管上班还是出门旅游,他总喜欢穿一身运动服。

3.1.6 要么

表示选择关系。

a. 只用一个"要么",表示上文所说的情况、愿望不能实现,就选择后者,有"或者"的意思,"要么"前一般有另一分句：

(1) 最好你自己去请假,要么就写个请假条,我替你交。

(2) 我打算报考法律专业,要么学经济管理也行。

(3) 天太晚了,你一个人走我不放心,要么就住在这儿吧。

b. "要么……要么……",表示在对举的两种情况中选择,后面一般要有表示说话人意见的句子：

(4) 要么去看电影,要么去逛商店,反正不想呆在家里。

(5) 要么你来,要么我去,总之咱们今天必须见一次面。

(6) 你要么把病情告诉病人家属,要么告诉他的领导,无论如何不能让他本人知道。

3.1.7 与其 宁可

（一）与其

表示经过比较之后舍弃某事而选择另一事，"与其"后是被舍弃的。常用格式有：

a. 与其……宁可/宁愿/宁肯……

(1) 与其去看那无聊的电影，我宁可在家看电视。

(2) 与其去麻烦别人，宁愿自己辛苦点儿。

(3) 与其花钱买次品，宁肯什么都不买。

b. 与其……不如……

(4) 与其让他们去，不如让我去。

(5) 与其去食堂吃无味的饭菜，不如吃包方便面。

(6) 与其说他是我们的对手，不如说他是我们的朋友，他在生意上给我们的帮助太多了。

（二）宁可

表示在比较利害得失之后选择一种做法，"宁可"后是所选择的。常用格式有：

a. 宁可……也不……

(1) 我宁可骑自行车去，也不坐那么挤的公共汽车。

(2) 他宁可退学，也不肯向父母或银行借钱。

b. 宁可……也要……

(3) 这本小说太吸引人了，我宁可不睡觉，也要把它看完。

(4) 他是个热心人，宁可自己吃亏，也要帮助别人。

c. 与其……宁可……

(5) 与其去听不喜欢的课，宁可自己在家看书。

(6) 与其花这么多钱吃不太新鲜的海味，宁可不吃。

d. 宁可＋形容词＋(一)点儿/些

(7) 咱们还是宁可小心一点儿的好。

(8) 买衣服宁可少些，但质量一定要好。

3.1.8 不是……就是…… 不是……而是……

（一）不是……就是……

可插入名词、动词或者小句，在插入的成分中进行选择，表示二者必居其一。如：

(1) 他不是前天就是大前天走的。

(2) 看他的长相，不是广东人就是广西人。

(3) 这件事，不是小王告诉他的，就是他自己猜的，反正不是我说的。

（二）不是……而是……

可插入并列的名词、动词或者小句，在插入的成分中否定一个，肯定另一个，含有对比的意思，"不是"前面可有"并"等。如：

(4) 他不是前天而是大前天走的。

(5) 看他的长相就知道，他并不是广东人，而是广西人。

(6) 这件事，并不是别人告诉他的，而是他自己猜的。

（三）比较：

"不是……就是……"和"不是……而是……"两个格式表面很相似，实际上是很不相同的，主要区别在：

1. 意义上：

"不是……就是……"表示选择关系，是在两者之中选一个；"不是……而是……"表示并列关系，是先否定，再肯定，在对比中说明一件事。

2. 用法上：

用"不是……就是……"的句子，也常常可以用"或者"，意思不改变，如：

(2)' 看他的长相，或者是广东人，或者是广西人。

另外，句尾常常用"反正"〔例(3)〕，没用"反正"的，多数可以加上，如：

(1)' 他不是前天就是大前天走的，反正不是昨天走的。

用"不是……而是……"的句子，在"不是"前面可有"并"，表示强调，如例(5)(6)。

（四）练习——填空

(1) 这几天，（　　）刮风，（　　）下雨，真讨厌。

(2) 你搞错了,她并(　　)我的女朋友,(　　)我同屋的女朋友。
(3) 那个小伙子和他长得真像,(　　)他哥哥,(　　)他弟弟。
(4) (　　)你去,(　　)我去。
(5) 我(　　)不去,(　　)想晚一点儿再去。
(6) 他每天(　　)看电视,(　　)打网球,很少看到他读书学习。

练 习 十 四

一、用适当的关联词语把下列每组句子组成一句话(或者复句)
1. 我听不懂英语老师说的话。　　　　他听不懂英语老师说的话。
2. 我们骑自行车去。　　　　　　　　我们坐公共汽车去。
3. 这里的交通很方便。　　　　　　　这里的人很热情。
4. 他可能在教室学习。　　　　　　　他可能在操场锻炼。
5. 今天是星期四吗?　　　　　　　　今天是星期五吗?
6. 妈妈给客人倒茶。　　　　　　　　妈妈请客人坐下。
7. 天气这么好,咱们不要呆在家里睡觉。天气这么好,咱们应该出去玩。

二、选择适当的关联词语填空
1. 你买回一种水果就行,(　　)买梨,(　　)买苹果,(　　)买西瓜。
2. 看比赛的观众,(　　)挥舞着手里的标语,(　　)高喊"加油!加油!"
3. 他身体真糟糕,一到冬天,(　　)咳嗽,(　　)发烧。
4. 我(　　)饿一顿,(　　)不愿跟他一起吃饭。
5. 我们(　　)是朋友,(　　)是对手。
6. 你给他发个传真吧,(　　)发个 E－mail。
7. 政府对假药的生产者、出售者,(　　)各类相关人员都给予了严厉制裁。
8. 妈妈说,(　　)花一百多块钱去听没意思的流行音乐,(　　)在家里听著名作家的古典音乐。

三、判断选择
1. 一边……一边……　　既……又……　　又……又……　　也……也……
(1) 我们的建议,老师(　　)不同意,学校领导(　　)不同意。
(2) 孩子们围坐在火堆旁,(　　)看着节目,(　　)小声交谈。

(3) 这种做法（　　）不利于增加产品数量，（　　）不利于提高产品的质量。

(4) 第一次参加国际比赛，运动员们（　　）紧张，（　　）兴奋。

2. 或者　还是

(1) 这个电影今天晚上有两场，咱们看 6：30 的（　　）9：00 的？

(2) 我要看今天晚场的电影，6：30 的（　　）9：00 的都行。

(3) 你（　　）自己去，（　　）请别人帮忙，反正必须事先请假。

(4) 我真的忘了是哥哥（　　）姐姐告诉我这件事的。

3. 与其……不如……　宁可……也要……　宁可……也不……

(1) 妹妹说，她（　　）一辈子一个人过，（　　）和她不喜欢的人结婚。

(2) （　　）坐在家里待业，（　　）出去找些活儿干。

(3) 咱们（　　）每人开一个小服装店，（　　）联合起来开一家大公司。

(4) 有一台电脑太重要了，我（　　）什么别的都不买，（　　）先买电脑。

第二节　表示承接、递进关系的关联词语

3.2.1　于是　那　那么

这三个连词都表示承接关系。它们连接分句或句子,表示两事前后相承接,后一事紧随前一事产生,或者说是前一事的必然结果。

(一)于是

"于是"一般出现在后一分句或句子的开头,后可有停顿,有时也出现在句子当中,前后分句有较明显的先后顺序。

a. 出现在分句开头:
(1) 听说这家公司正在招聘会计,于是哥哥就去报了名。
(2) 小王感冒了,发烧40度,于是,同学们把他送进了医院。
(3) 汽车陷进了泥里,司机怎么开也开不动,于是,乘客们纷纷下车帮助推。

b. 出现在句子当中:
(4) 工人们请来了老专家,问题于是很快就解决了。
(5) 医生说爸爸得的只是胃炎,并不是胃癌,我们全家人的心于是才放了下来。

(二)那　那么

"那"和"那么"的用法基本相同,在承接上文时,引出表示结果或判断的分句。常与"如果、要是、既然"等配合使用,只用在后一分句的开头,后一分句中常用"就":

(1) 如果大家都不反对的话,那我们就按这个计划实行吧。

(2) 要是电影票不够，那我就不去了。

(3) 既然一切都准备好了，那么我们就赶快行动吧！

(4) 这也不行，那也不行，那么到底该怎么办呢？

(三) 练习——填空

(1) 如果价钱不合适的话，（　）我们就别买了。

(2) 大伙儿这么一鼓励，我（　）又恢复了信心。

(3) 看到她哭得那么伤心，（　）我决定留下来劝劝她。

(4) 要是人人都注意保护环境，（　）就会大大减少空气污染。

(5) 既然他说得这么有道理，（　）我们就按他说的办吧。

(6) 在老师傅的帮助下，青年工人们决定组织起来，（　）一个业余学习小组就这样成立了。

3.2.2 并且　而且

"并且"、"而且"都表示意思更进一层。"并且"侧重于补充，"而且"侧重于转折。在用法上：

A. 单独使用。连接三项以上时，"并且、而且"要放在最后一项前。

a. 连接并列的形容词、动词、副词：

(1) 新图书馆的阅览室宽敞并且明亮。

(2) 这种苹果好吃而且便宜，多买一点儿吧。

(3) 这家研究所研制了一种新药，而且已经大量生产。

(4) 妈妈只用了两个小时，房间收拾了，衣服洗好了，并且还准备好了晚饭。

b. 连接分句，后面常有副词"还、也、又、更"：

(5) 我已经去过泰国了，并且还去过两次。

(6) 海面起风了，并且天色也暗淡下来。

(7) 你去路口接接他吧，我们这儿不好找，而且他又是第一次来。

(8) 去他家，坐公共汽车挺方便的，骑自行车也行，而且可能还更快一点儿。

B. 与"不但、不仅、不光、不单、不只"等配合使用，更强调进一层的意思，"而且"多用于这种格式。

(9) 能不能取得这场比赛的胜利,不仅是你一个人的事,而且也是我们大家的事。

(10) 这种苹果不光产量高,而且味道也很好。

(11) 他说的话不单我,而且其他同学也都听不明白。

(12) 他不但把那位摔伤的老人送到医院,并且还一直陪着老人看病。

3.2.3 不但

用在复句中的前一分句里,后一分句有"而且、也"等搭配使用,表示除了第一分句的意思外,还有更进一层的意思。"不仅、不单、不只、不光"的用法与"不但"基本相同。"不单、不光"多用于口语。主要格式有:

a. 不但……而且/并且……

(1) 这种家具不但式样美观,并且价钱便宜。

(2) 鲁迅先生不但是伟大的文学家,而且是伟大的思想家。

b. 不但……还/也/更……

(3) 他不但会说英语,还会说日语和法语。

(4) 这首歌不但年轻人喜欢,老人和孩子也喜欢。

(5) 生病了,不但要按时吃药,更要注意休息。

c. 不但……就是/连……也……

(6) "儿"化音不但外国人发不好,就是许多中国人也发不好。

(7) 他很少旅行,不但没去过新疆、西藏,连西安、杭州也没去过。

d. 不但……,反而/反倒/相反……

(8) 老王不但没生气,反而笑了起来。

(9) 你怎么不但不制止他,反倒鼓励他?

(10) 药吃多了不但不能治病,相反,对身体还有害处。

3.2.4 何况 况且

(一) 何况

用在第二分句的开头。

A. 用反问语气表示更进一层的意思,表示经过比较其结果不必再说的意思。如:

(1) 这个字许多中国人都不认识,何况我们外国人?

(2) 连硬座票都卖光了,何况卧铺票?

B. 补充、说明另一个理由,有"况且"的意思。如:

(3) 他是第一次去美国,何况又不太会说英语,困难一定不少。

(4) 这种箱子质量好,携带方便,何况世界各主要城市都有服务点,你买一个吧。

(二) 况且

用在表示递进关系的复句中,更进一步申述理由或追加理由。与"何况"B的意思相同。常和"又、还、也"等配合使用。如:

(5) 这本字典是专为留学生学汉语编写的,况且又不贵,我得买一本。

(6) 路不算太远,况且我们又是坐出租汽车去,不用那么早动身。

(7) 欣赏音乐本来就是一件乐事,况且还有美酒相伴,真是美极了!

(8) 那个地方比较偏僻,况且咱们也是第一次去,最好事先把一切都打听清楚了。

(三) 何况　况且

说明:

1. 能用"况且"的句子都能换成"何况",如例(5)(6)可以说成:

(5)' 这本字典是专为留学生学汉语编写的,何况又不贵,我得买一本。

(6)' 路不算太远,何况我们又是坐出租汽车去,不用那么早动身。

2. 但是,不是用"何况"的句子都能换成"况且",上述 A 中各例如果换成"况且"就都是错句。如:

×(1)' 这个字许多中国人都不认识,况且我们外国人?

×(2)' 连硬座票都卖光了,况且卧铺票?

(四) 练习——填空

(1) 今天天气很热,(　　)一点儿风也没有,很容易中暑。

(2) 天已经黑了,(　　)外面又下起雨来,你不要出去了。

(3) 连大人都搬不动这个箱子,(　　)小孩子?

(4) 上海话北方人都听不懂,(　　)留学生呢？

(5) 广州地方这么大,(　　)你又不知道他的地址,一下子怎么找得到他呢？

(6) 用母语讲话也会有语法错误,(　　)用外语呢？

(7) 这个电影很有意思,(　　)又有票,你怎么不去看呢？

(8) 他是班里学习最好的同学,他都回答不了这个问题,(　　)我呢？

3.2.5　甚至　以至

（一）甚至

"甚至"是表示递进关系的连词,常常用在最后一项成分之前,表示该项是各项中最极端的或最少有可能发生的,起强调作用,有时也说成"甚至于",更书面化。用法有：

a. 连接并列的词和词组：

(1) 全北京甚至全中国的人都为此而欢呼。

(2) 学生、工人、干部,甚至退了休的老人都在学习电脑知识。

(3) 他写文章时非常认真,甚至于每一个标点符号都要仔细推敲。

b. 连接分句,"甚至"用在第二分句的开头,表示突出、强调,第一分句常用"不但……"：

(4) 中国这几年进步很快,不但北京、上海这样的大城市变化大,甚至西部地区也发生了很大的变化。

(5) 这对孪生兄弟长得太像了,不但外人常常搞错,甚至于他们的父母有时也分不清。

（二）以至

"以至"也是表示递进关系的连词,也可以说成"以至于",

1. 连接词或词组。表示时间、数量、程度、范围等方面的延伸,有"直到"的意思。如：

(6) 为了这项研究,他把全部精力都投入进去了,白天、晚上以至星期六、星期天都是在实验室里度过的。（时间的延伸）

(7) 这个城市的物价比我们那儿普遍高一倍以至几倍。（数量的延伸）

(8) 市长详细询问了地震后的情况,房屋倒了多少?人员伤了多少?有没有水和电以至农民的生活安排等等。(范围的延伸)

2. 连接分句。表示由于第一分句所说的情况而产生第二分句的结果。如:

(9) 他专心地写论文,以至有人进来都没发觉。

(10) 妹妹的歌声非常动人,以至于过路的行人都停下来听她唱歌。

(三) 甚至　以至

说明:

1. "甚至"和"以至"意义相近,都有进一步说明的意思。

2. 但是它们的侧重点和用法有所不同。

A. 语义上:"甚至"只有一个作用,即指出最极端的情况,进而把论述推向更深一层。使用"甚至"时带有较强的感情色彩和强调语气,强调的内容是"甚至"后的成分。

"以至"有两个作用,一是表示在时间、数量、程度、范围等方面的延伸,强调从小到大、从少到多、从低到高;二是表示由于第一分句所造成的结果,强调的是造成结果的原因,即第一分句。

B. 用法上:

a. "甚至"可以和"不但"配合使用[例(4)(5)],"以至"不行。

b. "以至"后多跟表示时间、数量、范围等方面的词语[例(6)—(8)],"甚至"没这方面的要求。

3. 有时候同一个句子既可用"甚至",也可以用"以至",但语义上有细微差别。比较:

a. 他专心地写论文,甚至有人进来都没发觉。

b. 他专心地写论文,以至有人进来都没发觉。

a 句是进一步说明专心的程度,强调后一部分"有人进来都没发觉",这时在"甚至"前还可以补出其他成分(他专心地写论文,什么事都不能打扰他,甚至有人进来都没发觉);b 句是强调前一部分,即造成"有人进来都没发觉"这一结果的原因(他专心地写论文),两个分句之间补不出其他成分。

(四) 练习——填空

(1) 为什么你最近的短跑速度不能提高(　　)有时候还退步了呢?

(2) 弟弟对什么都感兴趣,音乐、美术、游泳、射击,(　　)足球比赛,他都十分关注。

(3) 学校附近所有的中餐馆、西餐馆（　　）营业不久的韩国菜馆,他都吃遍了。

(4) 由于天气的原因,飞机的起飞时间从2点延到3点半,又延到5点,（　　）被迫取消。

(5) 这篇文章他背得很熟,（　　）每一个标点符号都不错。

(6) 科学技术发展得很快,（　　）许多人都感到需要重新学习。

(7) 人的记忆力是常常出问题的,不但许多一般的事情会忘记,（　　）重要的事情也有可能忘记。

(8) 他一进实验室就忘了一切,（　　）工作十几个小时也不吃不喝。

练 习 十 五

一、选择适当的关联词语把下列各组句子中的A、B两句连成一句话

　　于是　甚至　何况　况且　既然……那么……

　　不仅……而且……　不但……反而……　要是……那……

A	B
1. 你身体不舒服。	你不要参加比赛了。
2. 这本小说是为儿童写的。	这本小说要特别注意语言问题。
3. 我爷爷非常喜欢喝酒。	我爷爷早饭时也喝酒。
4. 这种吸尘器式样美观。	这种吸尘器功能齐全。
5. 天突然下起了大雨。	街上的行人都赶快往家跑。
6. 颐和园平时参观游览的人就很多。	节假日参观游览颐和园的人更多。
7. 你的病还没好,不能出去。	外面刮着大风,你不能出去。
8. 弟弟不听爸爸劝告。	弟弟和爸爸辩论起来。

二、选词填空

1. 不但……而且……　不但……更……　不仅……也……

　　不但……就是……也……　不但……反而……　不仅……反倒……

(1) 这样做,（　　）对治疗不利,（　　）有相反的作用。

(2) 这个决定,（　　）得到学校师生的支持,（　　）受到社会的欢迎。

(3) 他（　　）有热情,（　　）有苦干精神。

(4) 北京烤鸭(　　)在中国很有名,(　　)在外国(　　)有很多人喜欢。
(5) 你这样做,(　　)不能解决问题,(　　)会使问题更复杂。
(6) 他的爱好很广泛,(　　)喜欢滑冰和游泳,(　　)喜欢书法和音乐。

2. 何况　况且

(1) 这件衣服太贵了,(　　)式样又不适合你,别买了吧。
(2) 黑板上的字太小了,我戴着眼镜儿都看不清楚,(　　)不戴眼镜呢?
(3) 连大人也搞不明白这是怎么回事,(　　)一个小孩子?
(4) 多休息几天再上班吧,你的病还没完全好,(　　)公司这几天也不忙。

三、在括号中填入适当的关联词语

1. 人人都应该自觉遵守法律,工人、农民、教师、干部(　　)国家领导。
2. 要是明天下雨的话,(　　)我就不到你那去了。
3. 这个道理太简单了,(　　)连小学生也一听就明白。
4. 你不是早就想去黄山了吗?(　　)现在是旅游淡季,比较便宜,咱们一起去吧。
5. 下班时,老王说想去喝酒,(　　)大家一起去了公司旁边的一家饭店。
6. 这(　　)是我个人的意见,(　　)也是全班同学的共同想法。
7. 我认为,学习的时候听音乐,(　　)不会分散精力,(　　)促进思考。
8. 我爷爷去世得早,连哥哥都没见过,(　　)我呢?

第三节　表示因果、条件关系的关联词语

3.3.1　因为　由于

（一）因为

用在因果复句中，表示原因。

a. 单独用

(1) 因为经济上的原因，他提前离开学校去工作了。

(2) 王教练非常满意，因为运动员们一共拿了五块金牌。

b. 因为……所以……

(3) 他因为吸烟太多，所以得了肺癌。

(4) 因为我们是为人民服务的，所以如果我们有缺点，就不怕别人批评指出。

c. 因为……才……

(5) 我因为不懂才来向你请教。

(6) 因为你喜欢看喜剧电影，我才买了今晚的电影票。

d. 之所以……是因为……

(7) 大家之所以尊敬老王，是因为他为人朴实、热情。

(8) 她之所以没来参加昨天的聚会，是因为她爱人病了。

（二）因为　由于

　　A. 比较：

(1) (　　)他平时努力学习，所以期末考试各科成绩都不错。

(2) (　　)他平时努力学习，因此期末考试各科成绩都不错。

(3) (　　)他很注意锻炼身体，所以身体一直很好。

(4)（　　）他始终坚持锻炼身体,因而身体状况一直良好。

(5) 你一定要带上雨伞,（　　）天气预报说有雨。

(6) 我不喜欢这幅画,（　　）颜色搭配得不好。

(7) 这批产品（　　）质量原因而被退回了工厂。

(8) 工程计划（　　）各种原因而有所变动。

B. 说明:

1. "因为"和"由于"都表示原因,但"因为"用得广泛。

2. 搭配关系有所不同。"因为"主要和"所以"搭配[例(1)(3)],"由于"除跟"所以"搭配外,还可以跟"因此"、"因而"搭配[例(1)—(4)]。

3. "因为"可以用在后一分句,补充说明原因[例(5)(6)],"由于"一般不行。

4. "由于"常和"而"搭配使用,构成"由于……而……"格式,而且多用于书面语[例(7)(8)],"因为"较少出现在这一格式里。

3.3.2　既然　既

(一) 既然

用于前一分句,提出已成为现实的或已肯定了的前提,后一分句根据这个前提作出推断或结论。

a. 后一分句用"(那么)就/也"呼应,有时"那么"可以不出现:

(1) 既然大家都邀请你,(那么)你也一起去吧。

(2) 我既然想做这件事,(那么)就一定要做好。

(3) 你既然同意大家的意见,那也就别抱怨了吧。

b. 后一分句的推断或结论用问句或反问句表示:

(4) 既然知道错了,为什么不马上纠正呢?

(5) 既然回去也没什么事,怎么不多住几天呢?

(6) 既然时间还早,为什么不先去逛逛书店?

(二) 既然　既

"既"有两个作用,第一,连接并列成分(见 3.1.3),第二,同"既然"一样,用于前一分句,提出已成为现实的或已肯定了的前提。但"既"与"既然"又有一些区别。比较:

A. 填空：

(1) （   ）你已经来了，那么就住下吧！

(2) 你（   ）已经来了，那么就住下吧！

(3) 你（   ）来了，就住下吧！

(4) （   ）他自己愿意，你还说什么？

(5) 他（   ）自己愿意，你还说什么？

(6) （   ）来之，则安之。

(7) 他（   ）满口答应，估计有成功的把握。

B. 小结：

1. "既然"既能用在主语前[例(1)(4)]，又能用在主语后[例(2)(5)]，"既"一般用在主语后[例(3)]。

2. "既"后多跟单音节词，带有书面语色彩，常用在固定格式中[例(6)]，"既然"后多跟双音节词[例(7)]。

3.3.3 因此　因而　从而

（一）因此

用于表示结果或结论的分句、句子或者段落中，表示因果关系，有"因为这个原因，所以……"的意思。

a. 用于复句中，前一个分句常有"由于"一词：

(1) 由于我在这里住了很多年，因此很了解周围的情况。

(2) 由于调动了各方面人员的积极性，因此晚会开得很成功。

(3) 用了这种新药以后，妈妈的病情因此而稳定下来。

b. 用于句与句、段落与段落之间：

(4) 不事先做好准备，工作中常常会发生一些问题，因此，我们必须做好调查研究工作。

(5) 只有下苦功夫，才能真正学好一门外语，因此，我们要制定一个详细的学习计划，争取早日掌握好我们所学的日语。

（二）因而

同"因此"，主要用于复句中，前面可没有"由于"呼应，书面语意味较浓。如：

(1) 他们采用了目前世界上最先进的技术,因而手术十分成功。

(2) 德语和日语的结构不一样,因而也更难学。

(三) 从而

书面语词,一般用于后一小句的开头。

1. 表示结果,前一分句介绍出产生结果的原因,有"因此就"的意思:

(1) 由于改进了学习方法,从而大大提高了学习效率。

(2) 中国实行了改革开放政策,从而促进了经济发展。

(3) 广州足球队战胜了最后一个对手,从而取得了五战五胜的好成绩,成为冠军。

2. 表示目的,前一分句介绍出达到某种目的的条件、方法,有"以便"的意思:

(4) 当领导的应该了解每一个人,从而发挥每个人的积极性。

(5) 通过调查研究发现问题,从而找到解决问题的正确方法。

3.3.4 以致

(一) 以致

连接分句。表示由于前面所说明的原因导致后面的结果,一般是不好的或说话人不希望的结果。

(1) 他不遵守交通规则,以致出了严重的车祸。

(2) 由于看错了时间,以致没赶上飞机。

(3) 由于工程没有按照计划施工,以致中途停工,造成了极大浪费。

(二) 以致　以至

这两个词都可以用在因果复句里,表示由于第一分句所造成的结果,但是它们并不完全等同。

A. 比较:

(1) 看一遍不懂,我就看两遍、三遍,(　　)更多遍。

(2) 来听他讲课的,有学生、助教、讲师(　　)教授,还有许多社会上的青年。

(3) 他专心致志地画画儿,(　　)有人进来都不知道。

(4) 她上课前认真阅读了教材,(　　)把老师要讲的内容都提前掌握了。

(5) 他们的表演太精彩了,(　　)演出结束时观众们都站起来为他们热烈鼓掌。

(6) 他经常缺课,而且从来也不看书,(　　)没能按时毕业。

(7) 由于事先没有作充分的调查,(　　)作出了错误的结论。

(8) 他大声地唱歌,(　　)嗓子都喊哑了。

(9) 她太激动了,(　　)控制不住自己的感情而哭了出来。

B. 小结:

1. "以致"没有"以至"1的用法(即表示在时间、数量、程度、范围等方面的延伸),因此,例(1)(2)只能填"以至"。

2. 虽然"以致"和"以至"都可以表示由于第一分句所造成的结果,但"以致"强调的是不好的,不希望得到的结果,如例(6)(7),"以至"则用于表示一般性的结果,如例(3)—(5)。

3. 当结果的性质不那么明确时,两者可以互换,如例(8)(9)。

3.3.5　难怪

用于因果的复句中,表示明白了原因,不再觉得奇怪,有"怪不得"的意思。句中要有说明真相的分句。

a. "难怪"用于前一分句,后一分句说明真相:

(1) 难怪他今天开会一言不发,原来是病了。

(2) 难怪他考得这么好,原来他有一个好辅导。

b. "难怪"用于后一分句,前一分句说明真相:

(3) 这部电影的确好看,难怪这么多人都在排队买票。

(4) 寒流来了,难怪天气这么冷。

3.3.6　不管　不论　无论

这三个连词基本相同,都用在条件复句中,表示在任何条件下,情况或结论都不会改变。使用时有一些特殊要求,下面以"不管"为例进行说明。

（一）填空：

A. (1) 不管谁有困难,我们（　　）应该帮助。
　　(2) 不管汉语怎么难学,我（　　）要坚持学下去。
　　(3) 不管你去不去,（　　）我一定去。
　　(4) 不管你去还是他去,（　　）得去一个。
　　(5) 不管刮风天还是下雨天,老王几十年来（　　）骑自行车上班。
　　(6) 不管工作多么忙,他（　　）坚持每天游一个小时的泳。

B. a.(7) 不管（　　）去,我都要跟他一起去。
　　(8) 不管（　　）时候去,我都跟你们一起去。
　　(9) 不管你们去（　　）,反正我要跟你们一起去。
　　(10) 不管你们（　　）去,总之,我要跟你们一起去。
　　(11) 不管那儿有（　　）远,我也要跟你们一起去。
　b.(12) 不管你愿意（　　）愿意,反正你得参加这个会议。
　　(13) 不管她漂亮（　　）漂亮,反正我要跟她结婚。
　c.(14) 不管你同意（　　）不同意,我们的计划都不会改变。
　　(15) 夏天的时候,不管房间里热（　　）不热,我都不开窗户。
　　(16) 他的爱好真广泛,无论唱歌、跳舞、滑冰、游泳,他样样都行。

（二）小结：

1. 在使用"不管"的句子里,后半部分要有起关联作用的副词与之配合,如例(1)应填入"都",例(2)应填入"都"或"也",例(3)(4)应分别填入"反正"、"总之",例(5)(6)应填入"一直、始终"或"都"。

2. 出现在"不管"后的成分有一定要求：

A. "不管"后有"谁[例(7)]、什么[例(8)]、哪儿[例(9)]、怎么[例(10)]、多[例(11)]、多么"等疑问代词。

B. "不管"后有同一动词或形容词的肯定、否定形式连用,如例(12)是动词连用,例(13)是形容词连用,中间都应该填入"不"。

C. "不管"后是并列项,各项之间常用"还是、或者"等连接,如例(14)(15),也可以只列出并列各项,如(16)。

（三）练习——改正下列病句

(1) 无论大事还是小事,我愿意和他商量。

(2) 不论天气热不热,他穿那么多衣服。

(3) 每天晚上,不管电视好不好,我看。

(4) 这样做,无论对你、对我,有好处。

(5) 无论你说得很好听,我们也不会相信的。

(6) 不论日语很难学,我都要坚持学下去。

(7) 不管他病得厉害极了,我们也要想办法把他治好。

(8) 无论这个地方远得很,我们一定要去。

3.3.7 只要　只有

(一) 只要

用于条件复句,表示基本条件或最低要求。

a. 用于前一分句,后一分句有"就"配合使用,组成"只要……就……"格式:

(1) 只要没什么其他的事,我就一定去参加你们的聚会。

(2) 你只要努力,就会有收获。

b. 用于前一分句,后一分句不用"就",一般为"是……的"句或反问句:

(3) 咱们只要再走快一点儿,是可以按时赶到的。

(4) 只要你说得有道理,难道大家会不支持你吗?(=大家是会支持你的)

c. 用于后一分句,多用于口语,补充说明条件,前一分句不用"就":

(5) 我可以陪他一起去,只要真的有这个必要。

(6) 你完全可以按自己的要求去做,只要不妨碍别人。

(二) 只有

用于条件句,表示惟一的条件,非此不可。

a. "只有"和"才"搭配使用,组成"只有……才……"格式:

(1) 只有他才会说出这么不讲道理的话来。

(2) 你只有深入社会才能真正了解社会。

有时也组成"只有……才……,否则/要不……"格式:

(3) 只有正式代表才有选举权,否则是不能选举的。

(4) 只有你劝他才有可能让他改变计划,要不(然)他是不会改变的。

b. "只有"后用"还",组成"只有……还……"格式:

 (5) 只有这张画儿画得还不错,别的都不行。

 (6) 只有你说的还比较符合实际情况。

c. 用于后一分句,补充说明条件,这时前一分句不用"才":

 (7) 要想看日出,只有早起。

 (8) 想要上山,只有这一条路。

(三) 只要　只有

A. 比较:

 (1) 只要去一个懂技术的人,就能解决问题。

 (2) 只有厂长亲自去,才能解决问题。

 (3) 只要吃点儿药,你的病就会好。

 (4) 你的咳嗽已经比较厉害了,只有打针才行。

 (5) 只要你去请,他就会来。

 (6) 只有你去请,他才会来。

B. 小结:

1. 从语义上看,虽然"只要"、"只有"都用在条件句中,表示条件,但表达的语义很不相同。"只要"表示具备了某条件就可以了,但也还可以有别的条件引起同样的结果,也就是说,在用"只要"的句子里,条件不是惟一的。"只有"正相反,它表示的条件则是惟一的,其他条件都不能引起同样的结果。

2. 从用法上看,"只要"与"就"搭配,"只有"与"才"搭配。

(四) 练习——改正下列病句

 (1) 这个人很热情,只有你需要,他才帮助你。

 (2) 老院长不做一般的小手术,只要大的心脏手术他就做。

 (3) 只有你愿意,就可以去看电影。

 (4) 只要努力,你才能学好汉语。

 (5) 只有依靠大家,能解决好这个问题。

 (6) 我们只要打个电话给他,他会马上来。

 (7) 你们就都要参加考试,只要是选了这门课的。

3.3.8 除非

用在条件句里,强调只有在这个条件下,才能产生和取得某种结果。

a. "除非……,才……",表示必须这样,才能产生某种结果。

(1) 除非有十分重要的事,他才会请假。

(2) 除非立即坐飞机去,才赶得上明天的开幕式。

b. "除非……,否则……",表示不这样就不会产生某种结果。

(3) 除非下雨,否则比赛照常进行。

(4) 除非再便宜一百块钱,否则我不会买。

c. "除非……,才……,否则……",把上边的 a,b 式合在一个句式里,从正反两方面说明条件的重要性,起强调作用。

(5) 除非你去,我才去,否则我是不会去的。

(6) 除非再便宜一百块钱,我才会买,否则我是不会买的。

d. "要……,除非……",表示要想得到某种结果,必须这样。

(7) 要想别人不知道,除非你别做。

(8) 要想让他戒烟,除非没有卖烟的。

练 习 十 六

一、选择适当的关联词语把下列 A、B 两组句子中的句子连成一句话

因为……所以……　　因为……所以……才……　　以致

由于……因此……　　既然……那么……就……　　由于……而……

由于……因而……　　之所以……是因为……　　难怪

A	B
1. 我跟他一起工作了十年。	a. 我很了解他的性格。
2. 他的腿严重骨折。	b. 他几个月不能下床。
3. 我这么晚来看你。	c. 我身体一直不好。
4. 他们两人性格不合。	d. 他们两人离婚了。
5. 你来了。	e. 我没走。
6. 你来了。	f. 我不走了。
7. 天气不好。	g. 飞机晚了三个小时起飞。

8. 学校重视教学方法。　　　　　h. 教学效果有了明显提高。

9. 他的脸非常红。　　　　　　　i. 他发烧40度。

二、辨词填空

1. 因为　由于

(1)（　　）秘书忘了把开会的事告诉我,所以我没来。

(2)（　　）秘书忘记了通知大家来开会,因此会议临时取消了。

(3) 办公室通知,今天的英语课暂停一次,（　　）英语老师病了。

(4) 新市长（　　）腐败而被撤职。

2. 因为　既然

(1)（　　）你们互相认识,（　　）我才没给你们介绍。

(2)（　　）你们互相认识,（　　）就不用我作介绍了。

(3)（　　）你同意了,所以我们（　　）这样做。

(4)（　　）你同意了,那我们（　　）这样做了。

3. 以至　以致

(1) 这个电影他看了许多遍,（　　）许多细节都能描述得清清楚楚。

(2) 小孩子们在草堆上点蜡烛,不小心点着了草,（　　）造成严重火灾。

三、选词填空

不管……都……　　无论……反正……　　不管……总……

只要……就……　　只有……才……　　除非……才……

除非……否则……　　要……除非……

1. 你（　　）打个电话,火车票（　　）会送到你家。

2.（　　）临时有事,（　　）我一定按时来。

3.（　　）我们什么时候去他家,他妈妈（　　）要请我们喝茶、吃点心。

4.（　　）在最需要的时候,你（　　）可以用这笔钱。

5.（　　）是你（　　）会那样想。

6.（　　）你怎么解释,（　　）我们不会再相信你了。

7.（　　）他遇到多着急的事,也（　　）是不慌不忙的。

8. 如果（　　）想取得这场比赛的胜利,（　　）老王上场。

第四节　表示转折、让步关系的关联词语

3.4.1　但是　可是　不过　然而

（一）但是

表示转折。主要连接分句和句子，也可以连接词和词组。要表达的重点在"但是"之后。"但是"后面常有"就、却、也、还、仍然"等配合使用。

a. 引出和前面意义相关的另一个事实，对前面提到的内容进行补充和说明：
　　（1）他第一次在这么多人面前讲话不免有点儿紧张，但是一会儿就会恢复正常。
　　（2）一个人的力量很小，但是大家的力量合在一起是不可战胜的。

b. 引出和前面意义相对的另一个事实，前一分句常加"虽然"、"尽管"，构成"虽然/尽管……但是……"格式：
　　（3）他的病已经好了许多，但是要完全恢复却还需要很长一段时间。
　　（4）他的个子虽然很小，但是却很强壮。
　　（5）尽管我已经在北京住了三年，但是普通话说得并不好。

c. 连接句子，"但是"后有较大停顿：
　　（6）他这几年工作努力，取得了很大成绩。但是，身体却一年不如一年。
　　（7）每一个人都应该珍惜自己的名誉，但是，就有那么一些人常常做损害自己名誉的事。

d. 连接词或词组，"但是"后不能有停顿：
　　（8）我十分喜欢这个调皮但是诚实的孩子。
　　（9）她的房间不大，但是却很舒适。

（二）可是　不过　然而

这三个连词，意义、用法基本上同"但是"，区别是：

1. "可是、不过"多用于口语，"然而"多用于书面语。

2. "可是、不过"的转折语气比"但是"轻。

3. "不过"一般不与"虽然、尽管"配合使用。

仔细比较以下各例：

(1) 这个菜看上去不好看，可是吃起来味道很不错。

(2) 尽管我已经提醒过他别忘了带护照，可是他还是给忘了。

(3) 这个字我学过，不过一时想不起来念什么了。

(4) 外面下大雪了，不过一点儿也不冷。

(5) 虽然我们在同一个研究室里工作了十几年，然而却很少往来。

(6) 尽管医生尽了全力抢救，然而癌症还是夺去了他的生命。

（三）但是　但　可是　可

"但"与"但是"，"可"与"可是"基本相同，区别是：

1. "但是、可是"后可以停顿，"但、可"不能。

2. "但"多用于书面语。

仔细比较以下各例：

(1) 虽然实验失败了，但大家的情绪并未因此而低落。

(2) 这是一般的规律，但也不是没有例外。

(3) 我们度过了一个紧张但愉快的周末。

(4) 这个公园不大，可挺好玩儿的。

(5) 你昨天还说去，可现在又改变主意了。

(6) 我说破了嘴，可他就是不相信这是真的。

3.4.2　却　只是

（一）却

"却"是一个起关联作用的副词，用在第二分句，表示转折，语气较轻。

a. 单独使用：

(1) 我很喜欢那幅画,却没那么多钱买。

(2) 他有许多话要说,见了她的面却一句话也说不出来。

b. 与"虽然、尽管"呼应使用:

(3) 这部电影虽然内容不怎么样,摄影却非常漂亮。

(4) 尽管我花了全部精力来写这篇文章,却还是不令人满意。

c. "却"前有"但是、可是、然而"等,加强转折语气:

(5) 我们约好了八点见面,但是八点半了他却还没来。

(6) 大家都反对这么做,可是他却非常积极。

(7) 我原以为这一切都是真的,然而却被他欺骗了。

(二) 只是

表示轻微的转折,用在第二分句的开头,对前一分句作进一步的补充说明。如:

(1) 几年不见,爸爸并没有大变化,只是稍微瘦了一点儿。

(2) 我很想和你们一起去,只是没有时间。

(3) 这件衣服好是好,只是有点儿贵,我买不起。

3.4.3 虽然　尽管

(一) "虽然"和"尽管"意义、用法相同,表示让步,用于已然的情况。

a. 用于前一分句,后一分句用"但是、可是、然而、却、也、总、还、仍然"等词呼应。

(1) 虽然下了一天的雨,但是天气还是那么闷热。

(2) 我虽然去过他那儿,可是具体地址想不起来了。

(3) 虽然计划定得很好,然而实行起来恐怕还会遇到许多困难。

(4) 虽然你不喜欢这个人,见一面总还是可以的吧。

(5) 我的同屋虽然因为生病耽误了一个月的课,考试成绩仍然是全班第一。

b. 用于后一分句,有补充说明的作用,前一分句不能用"但是、可是"等词:

(6) 他没有再到体育队工作,虽然大家一再邀请他。

(7) 我对这种人太了解了,尽管我和他打交道并不多。

(二) 尽管　不管

A. 填空:

(1) (　　)问题很多,我们也有办法解决。

(2) (　　)问题怎么多,我们也有办法解决。

(3) (　　)天气多么冷,我们天天早上都要跑步。

(4) (　　)天气十分冷,大家还是天天早上跑步。

(5) (　　)你喜欢不喜欢冬天,它总是要到来的。

(6) (　　)已经是初春了,但是天气仍然像冬天一样冷。

(7) (　　)跟他说了半天,他还是不同意。

(8) (　　)跟他说什么,他都不同意。

B. 小结:

1. 从语义上看,"尽管"表示让步,"不管"表示条件。

2. "尽管"后的成分是一个确定的事实[例(1)(4)(6)(7)],"不管"后是一个不确定的情况[例(2)(3)(5)(8)]。

C. 练习——下面的句子对不对？不对的请改正

(1) 尽管你说得多么有道理,也没有把他说服。

(2) 不管你说得这么有道理,可是也没有把他说服。

(3) 尽管条件多么不好,他也会按时完成任务的。

(4) 为了学好汉语,不管有很大困难,我们坚持下去。

(5) 不管这个地方好玩不好玩,可是我要去。

(6) 我们尽管做任何工作,都应该尽自己的最大力量。

(三) 虽然 虽

A. 填空:

(1) 他书倒读了不少,(　　)年纪还那么小。

(2) 他们还是准时到达了目的地,(　　)天下着大雪。

(3) 文章(　　)短,但内容不错。

(4) 天气(　　)冷,屋里却很暖和。

(5) 年纪(　　)小,书倒读了不少。

(6) (　　)文章不长,但内容不错。

(7) (　　)外边很冷,但屋里却很暖和。

B. 小结:

1. "虽然"可以用在后一分句[例(1)(2)],"虽"不能。

2. "虽然"可以用在主语前[例(6)(7)],"虽"不能。

3. "虽"和"虽然"后都可以跟单音节词语,但以用"虽"为多[例(3)－(5)]。

3.4.4 即使 就是 哪怕

(一) 即使 就是(就)

这两个连词的意义和用法基本相同,都表示假设的让步,用于未然的情况。"就是"(口语里经常说成"就")比"即使"口语化。基本句型是"即使……也/还……":

a. "即使、就是"引出假设的情况,后面表示结果不受这种情况的影响,前后两部分指有关的两件事:

(1) 大胆说,就是说错了也没关系。

(2) 即使三天三夜不睡觉,也得把这篇文章写完。

(3) 这么多活儿,即使有人帮忙今天还是干不完。

(4) 就是再便宜一百块钱,我还是不会买。

b. "即使、就是"引出退一步的说法、估计,然后再作进一步的说明,前后两部分指同一件事:

(5) 今天晚上的联欢会即使来人也不会太多。

(6) 他们队实力不错,就是得不了冠军,得个第二名、第三名还是没问题的。

(二) 哪怕

"哪怕"也是一个表示假设让步的连词,它的特点是:

1. 主要用于口语,句中常出现语气词"呢"。

2. 后可用"也、都"呼应。

3. 可以用于后一分句,前面突出说话人的看法或结论。

例如:

(1) 哪怕到晚上十二点呢,我也得把这本小说看完。

(2) 这本小说是我早就想看的,哪怕没钱坐车走回去呢,我也要买。

(3) 每一个人都应该按制度办事,哪怕你是总统呢!

(4) 我们可不相信他说的话,哪怕他说的再好听呢。

（三）即使　虽然

A. 比较：

(1) (　　)下雨，也不会太大。

(2) (　　)下雨了，可是不太大。

(3) (　　)你去，也解决不了问题。

(4) (　　)你去了，但是问题还是没解决。

(5) (　　)你晚出发一个小时，也还来得及。

(6) (　　)你晚出发了一个小时，不过并没有迟到。

B. 小结：

1. 语义上的不同："虽然"用于事实上的让步，"即使"用于假设的让步。
2. 搭配词语不同："虽然"与"可是、但是、不过"搭配，"即使"与"也"搭配。

C. 练习——填空

(1) (　　)他说话的声音很大，但是我们还是听不清楚。

(2) (　　)你说话的声音再大，他们也还是听不见。

(3) (　　)让我学十年英语，我也学不会。

(4) (　　)我已经学了十年英语，可是还是不能用英语说话。

（四）即便　即或　即令

这三个连词意义、用法跟"即使"相同，后两者多用于书面语。如：

(1) 即便你跑到天涯海角，我也一定能找到你。

(2) 我发觉，这里的人，即或到了四五十岁，也还保持着孩子般的天真。

(3) 他的罪行相当严重，即令聘请最好的律师也不可能逃避法律制裁。

3.4.5　固然

表示先承认一个事实，再转入下文，用在转折复句的第一分句里，多用于书面语。

1. 前后分句意思矛盾，后一分句中常有"但是、可是、然而、却"等呼应：

(1) 努力学习固然重要，但是因此而损坏了身体健康就不好了。

(2) 坐轮船去固然最经济,不过太浪费时间,恐怕还得想别的办法。

(3) 这样做,好固然是好,只是要麻烦太多的人,我不赞成。

2. 前后分句意思不矛盾,重点在于突出后一小句,常用"也"配合:

(4) 能和你们一起去固然好,去不了也没关系。

(5) 在学校里固然能学到许多知识,在社会中也能增长经验。

(6) 能读研究生固然好,去研究所工作也不错。

3.4.6 尚且

用在前一小句,举出明显的事实作比较,说明后一小句的结论合于事理或情理,多用于书面语。主要用法有:

a. 尚且……更/还/当然……,后一小句直接说出结论:

(1) 我才学了两年汉语,阅读报纸、杂志尚且有困难,古代诗歌就更看不懂了。

(2) 他是英语专业的毕业生,给代表团当正式翻译尚且没问题,当一般的导游当然更没问题了。

b. 尚且……何况……,通过反问得出结论:

(3) 关于这次大范围流行感冒的问题,医学界尚且解释不了原因,何况我这么一个普通老百姓呢?

(4) 学好本国语言尚且需要经过几年甚至十几年时间,何况掌握一门外语呢?

练 习 十 七

一、给下列句子填上合适的关联词语

可是　然而　但　尽管　即使　哪怕

固然　尚且　却　只是　虽然

1. 这间屋子常年不见太阳,(　　)屋外再热,呆在屋里也不会出汗。

2. 大家都按时到了,他这个发起人(　　)迟迟不到。

3. 十年,在历史的长河中,只是很短的一段时间,(　　)中国人民在改革开放的头十年中(　　)取得了十分伟大的成就。

4．我们要组织一个人数不多（　　）大家爱好都相同的业余学习小组。

5．我的老家在广西，（　　），我从来没有回去过。

6．能够出国留学（　　）好，留在国内读博士也不错。

7．王老师（　　）已经六十多岁了，走起路来还像年轻人一样。

8．这句话并不表示否定意义，（　　）句子里有否定词。

9．他的女朋友简单的饭菜（　　）做不好，何况做这么讲究的菜呢？

10．明天我一定得回学校了，（　　）雨下得再大呢！

11．这套茶具真不错，（　　）路上不好带，别买了吧。

二、给下列句子填上与"虽然、尽管"相配合的关联词语

1．她虽然很胖，（　　）身体（　　）不是太好。

2．这里的条件尽管不是太好，（　　）每个人都对我非常热情。

3．虽然刮了一夜大风，天气（　　）一点儿也不冷。

4．尽管困难很多，（　　）只要大家团结一致，就一定能战胜困难。

5．老王虽然工作很忙，（　　）坚持每天打一个小时的羽毛球。

6．他虽然是我们的领导，（　　）在群众中并没有威信。

7．天气虽然不好，我（　　）要去。

8．虽然是开玩笑，（　　）该有个分寸。

9．虽然医生尽力抢救，他的病情（　　）继续恶化。

10．尽管颐和园我已经去过好多次了，（　　）每次去都会发现新的风景点。

三、辨词填空

1．（　　）我昨天已经复习了3个小时的生词，（　　）今天听写还是有错。

2．你在我们这儿再多住一段时间吧，（　　）是几天呢！

3．（　　）你有什么理由，（　　）不应该骗人。

4．这件事（　　）你不告诉我，（　　）会有人告诉我的。

5．成绩并不能说明一切，（　　）你得了一百分，也不应该骄傲。

6．（　　）我比他年轻十岁，（　　）也没爬到山顶。

7．（　　）他已经承认了错误，（　　）领导还是批评了他。

8．今天（　　）气温很高，（　　）天气很爽，所以不觉得热。

9．（　　）他是谁，（　　）不应该骂人。

10．我已经老了，（　　）再年轻十岁，（　　）爬不到山顶了。

第五节　表示假设、目的关系的关联词语

3.5.1　如果　要是　假如　假使　假若

（一）如果

1. 表示假设，句中常有"……的话"配合。

A. 用于复句的第一分句，后一分句推断出结论或提出问题。

a. 后一分句用"那、那么、就、则"等呼应：

（1）如果条件允许的话，那我就多住几天。

（2）如果你说的都是实话，那么责任的确不在你。

（3）如果明天下雨，运动会则改期举行。

b. 后一分句没有上述关联词语相呼应：

（4）如果不是你告诉我，我还一直在受蒙骗。

（5）如果你准备得再充分一点，结果会比现在更好。

B. 用于后一分句，含有补充意味，句尾一般要有"的话"。

（6）你是第一次来中国吧，如果我没有猜错的话。

（7）我一定好好谢谢你，如果你真能说服她的话。

C. "如果……呢"单独使用。用在对话中，承接上文提问。

（8）"这是新产品，买一个用用看。"
　　——"如果质量有问题呢？"

（9）"我们九点准时开会。"
　　——"如果代表们不能按时来到会场呢？"

2. 说明一种事实或作出一个论断，后文推出另一个论断。基本格式是："如果说……，那么……"，"如果"只用在前一小句。

（10）如果说大学毕业生就算是知识分子的话，那么他们家就全都是知识分子了。

（11）如果说人死了以后真有灵魂，那么我真心祝愿父母的灵魂得到安宁。

（二）要是(要)　假如　假使　假若

这四个连词意义、用法跟"如果"相同。"要是"多用于口语(也常说成"要")，"假如、假使、假若"多用于书面。仔细比较以下各句：

（1）要是有什么事不能来了，就事先来个电话。

（2）走路去最好，要是来得及的话。

（3）假如这个答案不对，那正确的答案是什么呢？

（4）假使有一天地球毁灭了，宇宙将是什么样子？

（5）假若世界上没有战争，那该多好啊！

（三）要不是

意思是"如果不是因为……"，用于复句中的前一分句，表示一种原因，后面是假设将会发生的结果(事实上这种结果并未发生)。如：

（1）要不是下大雨，大家早就来了。

（2）要不是有你帮助，我哪能这么顺利地找到工作。

（3）要不是为了有病的妈妈，他是不会留在家里过节的。

（四）练习——完成下列句子，注意与前一分句相配合的关联词语

（1）如果我再年轻二十岁，_____。

（2）如果时间可以倒流，_____。

（3）要是这次考试再不及格，_____。

（4）假如让我选择的话，_____。

（5）假使我们立刻坐飞机去，_____？

（6）我想请一个星期的假陪父母去南方旅行，假使_____。

3.5.2 否则 不然 要不 要不然

（一）否则

用于假设复句的后一小句，引进结果或结论，意思是"如果不这样"，有时后面可以带上"的话"。

A. 对前一分句作出假设的否定，并指出从前句推论出的结果：
(1) 必须先交报名费，否则不能参加考试。
(2) 看来他的病情有了好转，否则怎么会出院回家了呢？

B. 除非……否则……，表示一定要这样，才会得到某种结果；如果不这样，就会得到另一种结果：
(3) 除非下大雨，比赛才停止，否则的话，一切照常。
(4) 除非你不让我知道，否则的话，我一定得管这件事。

C. 幸亏……否则……，表示如果有利条件不出现，会产生什么样的结果：
(5) 幸亏你提醒了我，否则我真的要迟到了。
(6) 幸亏司机及时刹住了车，否则就出车祸了。

（二）不然

1. 同"否则"，用于假设复句的后一小句，引进结果或结论，意思是"如果不这样"。如：
(1) 你快点儿走吧，不然赶不上末班车了。
(2) 除非你拿出证据，不然的话，别人怎么会相信你的话呢？
(3) 除非他们两人之中有一人主动让步，不然谁也没办法解决这个矛盾。
(4) 幸亏带了雨伞，不然要挨淋了。

2. 提出和前一分句的内容不同的另一种选择，有"或者、要么"的意思，"不然"前常有"再"：
(5) 最好是你自己去，不然让你爱人替你去。
(6) 咱们出去散散步吧，不然就去看电影。
(7) 你穿这件红上衣参加晚会比较合适，再不然穿那件蓝的也行。

（三）要不 要不然

这两个连词的意义、用法跟"不然"基本相同，"要不然"表示的假设语气较重。如：

1. 表示假设的否定：

(1) 快告诉他吧，要不/要不然他要急死了。

(2) 你得参加这场比赛，要不/要不然咱们队很难赢。

(3) 多亏了火车上的那位大夫，要不/要不然他的病就耽误了。

2. 表示选择：

(4) 咱们去吃四川菜吧，要不/要不然就在家里包饺子。

(5) 你大学毕业以后最好直接考研究生，要不/要不然工作两年以后再考也行。

（四）练习——用"否则"或"不然、要不、要不然"完成下列句子

(1) 一定是发生什么事了，_____。

(2) 你可别相信他的话，_____。

(3) 我看把这件事交给小李办准行，_____。

(4) 多亏了你，_____。

(5) 除非下大雨，_____。

(6) 看来他们俩是不会来了，_____。

(7) 幸亏你没坐那架飞机，_____。

3.5.3 省得　免得　以免

（一）省得　免得

这两个连词意义、用法相同。用在目的句中，表示要避免发生某种不希望的情况，前面提出为避免发生这种不希望的情况而应采取的做法。

A. 后面直接跟动词或形容词：

(1) 咱们早点儿走吧，省得迟到。

(2) 你少吃点儿咸的，省得渴。

(3) 把要买的东西写在一张纸上，免得忘了。

(4) 别坐公共汽车了，坐出租汽车，免得挤。

B. 出现在分句句首：

(5) 打个电话回家吧，省得妈妈着急。

(6) 你就用我这本字典吧,省得你再买了。

(7) 你应该把事情解释清楚,免得大家对你产生误解。

(8) 赶快去医院看病吧,免得病情越来越重。

C. 出现在分句主语后,主语后常有"就":

(9) 如果你给我们领路,我们就省得走冤枉路了。

(10) 这样吧,我开车来接你们,你们就省得去挤车了。

(二) 以免

"以免"和"省得"基本相同,也用在后一分句中表示目的,它们的区别是:

A. 填空

(1) 咱们去外边吃吧,(　　)做饭了。

(2) 晚上冷,穿上件外衣再出去,(　　)着凉。

(3) 你帮我寄了这封信吧,我就(　　)再出去了。

(4) 你快点儿说吧,(　　)大家东问西问的。

(5) 最近,教育部要求中小学校减少学生课外作业,(　　)加重学生负担。

(6) 工厂应该对产品的质量进行严格检查,(　　)造成不必要的损失。

B. 小结:

1. "省得"后面可以直接跟动词或形容词[例(1)(2)],"以免"不能。
2. "省得"可以出现在分句主语后[例(3)],"以免"不能。
3. "省得"多用于口语[例(4)],"以免"多用于书面语[例(5)(6)]。

3.5.4　以　以便

(一) 以

连词"以"表示目的,有"用来、为了"的意思,一般用在两个动词性词组之间。如:

(1) 你必须尽快学会电脑,以适应工作。

(2) 警察要求每位司机都系上安全带,以保证安全。

(3) 大家纷纷捐款捐物,以援助灾区。

(二) 以便

表示由于有了上面的条件或者情况,下面所说的目的容易实现。用在后一分句的开头,多用于书面语。如:

(1) 你事先统计好考试人数,以便学校准备考卷。

(2) 领导应该多和群众谈话,以便更好地了解大家的希望和要求。

(3) 我们要努力学习科学技术,以便适应将来工作的需要。

(三) 以便　以免

A. 填空:

(1) 有了病应该马上去医院,(　　)及早治疗。

(2) 得了小病也应该及早治疗,(　　)发展成为大病。

(3) 你把今天要办的事情都写在纸上,(　　)忘了误事。

(4) 你把今天要办的事情都写在纸上,(　　)我们一件一件地处理。

B. 小结:

"以便"和"以免"的意思完全不同。不希望发生的事,用"以免"[例(2)(3)];希望发生的事,用"以便"[例(1)(4)]。

练 习 十 八

一、选择适当的关联词完成下列句子(每词限用一次)

　　如果　要是　假若　要不是　否则　不然
　　省得　免得　以便　以　要不

1. 这么大的工程,除非大建筑公司才能完成,(　　)是完成不好的。

2. (　　)计划有什么变化的话,我再通知你。

3. (　　)有人在背后支持他,他说话怎么会这么厉害?

4. 妈妈再三嘱咐女儿,买东西要仔细挑选,(　　)上当。

5. 你们在来之前最好先打个招呼,(　　)我们有个准备。

6. 你(　　)不愿意去,我就不给你买火车票了。

7. 电影要开演了,咱们快进去吧,(　　)该看不着开头了。

8. 星期六咱们去登长城好吗?(　　)爬香山也行。

9. 你帮我买瓶牛奶吧,(　　)我再跑一趟了。

10. 我愿意当你的助手,(　　)你同意的话。

第三单元　连　词

11. 市政府公布了新的交通规则（　　）整顿交通秩序。

二、判断关联词的正确位置

1. （　　）他（　　）每天起得早，还打扫院子。（不但）
2. （　　）他（　　）喜欢打网球，我们几个也都喜欢打网球。（不但）
3. （　　）许多中国人（　　）听不懂上海话，何况我呢？（尚且）
4. （　　）老年人（　　）在学习新知识、新文化，何况我们年轻人呢？（尚且）
5. （　　）我（　　）在家睡觉，也不去上自己不喜欢的课。（宁可）
6. （　　）他（　　）多么忙，都忘不了浇花儿。（无论）
7. （　　）你（　　）同意不同意，反正我们今天一定要去。（不管）
8. （　　）他（　　）早一点儿去医院看病的话，病情是能被控制住的。（如果）
9. 如果他不去的话，（　　）我（　　）也就不去了。（那）
10. 只有坚持锻炼，（　　）身体（　　）会好。（才）
11. 不论你说什么，（　　）我们（　　）不相信你的话。（都）

三、选择填空（限用一次）

只要……就　　即使……也　　不仅……而且　　不但……反而　　不是……而是
只有……才　　如果……就　　尽管……可是　　除非……否则　　不是……就是
因为……才　　无论……都　　与其……不如　　宁可……也要　　一边……一边
既然……就　　是……还是　　既……又　　　　要么……要么　　由于……因此

1. 她（　　）没有生气，（　　）笑着说："就按你说的办吧！"
2. 新盖好的图书馆（　　）宽敞（　　）明亮，在那儿看书很舒服。
3. （　　）我已经仔细地介绍了那儿的情况，（　　）他们还不满足。
4. 这儿的自然环境很好，（　　）你走到哪儿（　　）有青山绿水。
5. 咱们（　　）依靠大家的力量（　　）能战胜困难。
6. 他的伤不太严重，（　　）休息一段日子（　　）又能参加比赛了。
7. （　　）听他的，（　　）听我的，反正不能听你的。
8. （　　）临时有事，（　　）他一定会按时来的。
9. （　　）长期在寒冷的环境下生活，他（　　）而得了严重的关节炎。
10. 我们家乡四季如春，（　　）冬天（　　）到处开满了鲜花。
11. 这种植物（　　）冬天不怕冷，（　　）还能在低温下发芽。

12. 他进商店（　　）看电器（　　）买文具,从来不去服装柜台。

13.（　　）他的方案可行的话（　　）按他说的去做吧!

14. 你（　　）买那么多虽然便宜但质量不好的皮鞋,（　　）多花点钱买一双好点儿的。

15. 奶奶（　　）看着电视（　　）伤心地流着眼泪。

16.（　　）咱俩的看法不一致,（　　）不要继续合作下去了。

17.（　　）投赞成票（　　）投反对票,我还没有最后决定。

18. 许多小学生（　　）自己少吃少花,（　　）把钱寄给灾区的小朋友。

19.（　　）你有这方面的能力,领导（　　）派你去。

20. 他之所以到中国来,（　　）为了做买卖,（　　）希望了解中国的传统文化。

四、给下面的短文填上适当的关联词

什么是桥

　　什么是桥?（　　）说,能使人过河,从这岸到那岸的东西就是桥,（　　）船也是桥了;（　　）说能使人翻山,从这山到那山的东西就是桥,（　　），直升飞机也是桥了。船（　　）直升飞机当然不是桥,（　　）桥是固定的,桥上是要走人的。（　　）在河上修坝(bà),坝是固定的,坝上也可以走人,难道坝也是桥吗?不是的,（　　）桥下还要能让水流过,要有桥孔。（　　），在浅水河里,每隔一步,放一块大石头,排成一排,直达对岸,（　　）能走人,（　　）能流过水,（　　）石头的位置又是固定的,应该算是桥了吧。（　　）这还不是桥,（　　）桥面是要连续的,不连续,就不能成为桥。通过河流的水管（　　）渠道,（　　）具备了一些桥的条件,（　　）仍然不是桥。这又是什么原因呢?（　　）水管和渠道上面不能行走车辆。（　　），到底什么是桥呢?

第六节　关联词语在复句中的位置

3.6.1　关联词语在复句中的位置有两点需要注意

第一，有的关联词语只能出现在第一分句里（如"不但、无论"），有的关联词语只能出现第二分句里（如"不然、而且"），有的关联词语可以在前后分句中重复出现（如"要么、一边"）。

第二，有的关联词语只能出现在主语前（如"要不是、否则"），有的关联词语只能出现在主语后（如"既、就"），有的关联词语可以在主语前后自由出现，而句子的意思不变（如"既然、如果"）。有的关联词语虽然也可以出现在主语前或出现在主语后，但不是自由的，要有一定的条件（如"不但、不管"）。

关于第一点，一般不容易出错，我们不再详细讨论，下面讨论第二点。

3.6.2　只能出现在主语前的关联词语

（一）比较下列各组句子，判断正误

(1) a. 该动身了，不然咱们就赶不上这班火车了。
　　b. 该动身了，咱们不然就赶不上这班火车了。
　　c. 咱们该动身了，不然就赶不上这班火车了。
(2) a. 你该回家了，不然家里人该着急了。
　　b. 你该回家了，家里人不然该着急了。
　　c. 你该回家了，不然该着急了。

(3) a. 我喜欢中国古典文学,但是我没有系统研究过。
    b. 我喜欢中国古典文学,我但是没有系统研究过。
    c. 我喜欢中国古典文学,但是没有系统研究过。

(二)说明

1. 只能出现在主语前的关联词语,是指出现在第二分句里的主语前,如例(1)a 和(2)a 中的"不然",例(3)a 中的"但是"。
2. 如果出现在主语后,就是错句,如例(1)b、(2)b 和(3)b。
3. 如果前后分句的主语相同,主语也可以出现在前一分句,如例(1)c 和例(3)c。
4. 如果前后分句的主语不同,则主语必须分别出现,不能省略,否则就是错句,如例(2)c。

(三)只能出现在主语前的关联词语主要有以下一些:

不然　要不　要不然　否则　那　那么　所以　以至
但是　可是　不过　然而　并且　而且　何况　以致

如:
(1) 你必须参加入学考试,要不/要不然/否则学校不会接收你。
(2) 如果你没时间的话,那/那么我们就改天再去。
(3) 由于准备不充分,所以我没有在大会上发言。
(4) 虽然父母都不同意女儿的婚事,但是/可是/不过/然而女儿的婚礼还是按期举行了。
(5) 他不但考得很好,并且/而且是全班第一名。

3.6.3 只能出现在主语后的关联词语

(一)比较下列各组句子,判断正误

A. (1) a. 你既来了,就住下吧!
    b. 既你来了,就住下吧!
    c. 既然你已经来了,那么就住下吧!

(2) a. 我就再胖,也赶不上你。
    b. 就我再胖,也赶不上你。

　　　　c. 就是我再胖，也赶不上你。
　（3）a. 中国人尚且不知道这件事，我怎么会知道？
　　　　b. 尚且中国人不知道这件事，我怎么会知道？

B.（4）a. 只要认真想想，你就会明白。
　　　　b. 只要认真想想，就你会明白。
　　　　c. 你只要认真想想，就会明白。
　（5）a. 他不喜欢吃辣的，我也不喜欢吃辣的。
　　　　b. 他不喜欢吃辣的，也我不喜欢吃辣的。
　　　　c. 他不喜欢吃辣的，也不喜欢吃甜的。

(二) 说明

1. 只能出现在主语后的关联词语有 A、B 两类，A 类是出现在前一分句里的关联词，如例(1)a 中的"既"，(2)a 中的"就"，(3)a 中的"尚且"，B 类是出现在后一分句里的关联词，如例(4)a 中的"就"，(5)a 中的"也"。

2. 如果这些关联词出现在主语前，就是错句，如例(1)—(5)组句中 b 句。

3. 如果前后分句的主语相同，主语也可以出现在前一分句，这样的话，关联词就出现在句首，如例(4)c 和例(5)c。

4. 要注意的是，只能出现在主语后的关联词语，除"尚且"外，其他的多为单音节词，而与这些单音节词相对应的双音节词则可以出现在主语前，如例(1)c 和(2)c。

(三) 只能出现在主语后的关联词语不太多，只有以下几个：

　　A 类：既　就　虽　要　尚且　宁可
　　B 类：就　才　也　还　又　都　却

如：

　（1）天气虽热，但一点儿也不闷。
　（2）你要不同意的话，就别去。
　（3）全家人都吃完了，妈妈才开始吃。
　（4）别人都懂了，我还不明白。
　（5）小王讲了一遍事情的经过，小龙又讲了一遍。
　（6）不管吃米饭还是吃面条，他都得要一碟(dié)辣椒。
　（7）这件外套，式样旧了点儿，质量却不错。

3.6.4 可以在主语前后自由出现的关联词语

(一) 填空

(1) (　　) 你得了 100 分, 也没什么了不起。
(2) 你 (　　) 得了 100 分, 也没什么了不起。
(3) (　　) 你得了 100 分, 我也不佩服。
(4) 你 (　　) 得了 100 分, 我也不佩服。
(5) (　　) 他没去, 可那儿发生什么事他都知道。
(6) 他 (　　) 没去, 可那儿发生什么事他都知道。
(7) (　　) 你不喜欢这个, 可以再换一个。
(8) 你 (　　) 不喜欢这个, 可以再换一个。

(二) 说明

1. 以上各句的正确答案是：(1)—(4)填"即使",(5)(6)填"虽然"或"尽管",(7)(8)填"如果"或"要是"。

2. 例(1)—(4)的区别是,(1)(2)两句前后分句的主语相同,(3)(4)两句分句的主语不同,无论那种情况,"即使"都可以在主语的前后自由出现。

3. 例(5)—(8)前后两个分句都是只有一个主语,"虽然"和"尽管"也都可以在主语前后自由出现。

(三) 可以在主语前后自由出现关联词语有以下一些：

即使　就是　如果　要是　假如　假使　假若
虽然　尽管　因为　由于　既然　只要

3.6.5 主语不同时出现在主语前, 主语相同时出现在主语后的关联词语

(一) 辨别正误

(1) 她不但喜欢唱歌, 还喜欢跳舞。

（2）不但她喜欢唱歌，还喜欢跳舞。

（3）不但她喜欢唱歌，我也喜欢。

（4）她不但喜欢唱歌，我也喜欢。

（5）我哥哥不管多么忙，都坚持每天听一个小时的法语。

（6）不管我哥哥多么忙，都坚持每天听一个小时的法语。

（7）不管我哥哥多么忙，他的女朋友都得让我哥哥陪她出去吃饭。

（8）我哥哥不管多么忙，他的女朋友都得让我哥哥陪她出去吃饭。

（二）说明

1. 以上句子中正确的句子是(1)(3)(5)(7)。
2. 例(1)(5)句前后分句的主语相同，"不但"和"不管"只能出现在主语后，如果出现在主语前就是错句，如例(2)(6)。
3. 例(3)(7)句前后分句的主语不同，"不但"和"不管"只能出现在主语后，如果出现在主语前就是错句，如例(4)(8)。

（三）主语不同时出现在主语前、主语相同时出现在主语后的关联词语主要有以下一些：

　　不但　不单　不光　不只　不仅　不管
　　无论　不论　只有　除非　与其

如：

（1）王老师不单是我们的老师，也是我们的朋友。

（2）不单王老师教我们，张老师也教我们。

（3）你与其去，不如不去。

（4）与其你去，不如他去。

以上我们讨论了关联词语在复句中的四种情况，其中第二种和第四种在使用时比较容易出错，应特别引起注意。

（四）练习——下面的句子对不对？不对的请改正

（1）我不但没见过，他也没见过。

（2）不但我没见过，连听说也没听说过。

（3）即使你不说，也我猜得出来。

(4) 你即使不说，我也猜得出来。

(5) 他只要来，我就去。

(6) 他只要来，就一定要带礼物。

(7) 别人都同意了，却王经理不赞成这个意见。

第四单元　助　　　词

助 词 概 述

汉语中的助词是一些功能很不相同的虚词组成的,可以分为三类。每个助词在使用时都有各自不同的要求,需要逐一地学习。

(一)助词的分类

汉语中的助词可以分为以下几类。

A．填空

a　(1) 这是一本介绍中国古代历史(　　)书。

　　(2) 下课以后,他飞快(　　)跑回宿舍。

　　(3) 他的脸红(　　)像一个大苹果。

　　(4) 你(　　)提的问题,非常重要。

　　(5) 我的雨伞被他(　　)弄丢了。

b　(6) 最近小王买(　　)一所新房子。

　　(7) 我去找他的时候,他正看(　　)电视。

　　(8) 我从来没有去(　　)非洲。

　　(9) 你刚才说他叫什么(　　)。

　　(10) 外面下着雨(　　),别出去了。

c　(11) 今天天气多好(　　)!

　　(12) 咱们早点儿走(　　)!

　　(13) 他是刚从美国回来(　　)?

　　(14) 你是什么时候大学毕业的(　　)?

(15) 别着急（　　），有话慢慢说。

(16) 我同屋的汉语说得可好（　　）！

(17) 她没什么病,有点儿头疼（　　）。

B. 助词的类别：

助词分为以下三类：

1. 结构助词：的、地、得、所、给[例(1)—(5)]

2. 动态助词：了、着、过、来着、呢[例(6)—(10)]

3. 语气助词：啊、吧、吗、呢、嘛、了、罢了[例(11)—(17)]

（二）助词的特点

以上各类助词，用法很不相同，就是同类助词中的每一个助词，用法也不同，因此需要一个一个地学习。但是在不同之中，这些助词又有某些共同点，这就是：

1. 它们都不能单独使用，必须跟词、词组或句子一起用。

2. 它们都没有实在的词汇意义，只表示一定的语法意义。

3. 它们都读轻声。

第四单元 助　词

第一节　结构助词

4.1.1　的(de)

（一）"的"的作用

1. 用在名词前,表示它前面的词或词组是定语。

a. 名词或代词＋的：

中国的历史 / 玻璃的花瓶

我的书 / 别人的意见

b. 动词或形容词＋的：

洗的衣服（还没有干）/ 游泳的季节（又到了）

幸福的生活 / 地道的普通话

c. 各种词组＋的：

开往上海的火车 / 我对这个问题的看法

d. 特殊用法

在某些动词和宾语之间插入指人的名词或人称代词,说明这个人是所说动作的接受者。

开玩笑→ 开他的玩笑 / 找麻烦→ 找我的麻烦

帮忙 → 帮他的忙 / 请客 → 今天我请你的客,请你吃烤鸭。

2. 用在词或词组后面,组成名词性的"的"字词组。

a. 指代人或物,作用相当于名词：

（1）这是你的,那是我的。

（2）你要哪支笔？红的还是黑的？

（3）吃的、穿的、用的,样样不缺。

（4）开车的是我哥哥。

　　　　(5) 你说的我都记住了。
　b. 表示某种情况，有强调作用：
　　　　(6) 大星期天的，得好好休息休息。
　　　　(7) 外面黑乎乎的，我可不愿意出去。
　c. 表示列举。"的"用在两个相同的动词或形容词中间：
　　　　(8) 大家说的说，笑的笑，可热闹了。
　　　　(9) 搬的搬、抬的抬、扛的扛，这么多家具一会儿就搬完了。
　　　　(10) 这些字大的大，小的小，真不好看。
3. 用在并列成分之后，表示停顿或列举，有"等等"的意思：
　　　　(11) 他香蕉、苹果、橘子的买了一大堆。
　　　　(12) 把铅笔、尺子、橡皮的都放在抽屉里。
4. 用在句尾，表示肯定、强调：
　　　　(13) 我不会忘记你的。
　　　　(14) 屋子里静悄悄的。
　　　　(15) 哪有这么说话的？
5. 组成"是……的"格式，强调动作发生的时间、地点、方式、原因、目的等，也可以强调动作的发出者，一般是已然的情况：
　　　　(16) 我是昨天来的。　　　　　　　　　　　　　　（时间）
　　　　(17) 弟弟是北京大学毕业的。　　　　　　　　　　（地点）
　　　　(18) 他是骑自行车来的。　　　　　　　　　　　　（方式）
　　　　(19) 王经理是来看望大家的。　　　　　　　　　（原因、目的）
　　　　(20) 杯子是弟弟打碎的。　　　　　　　　　　（动作的发出者）

(二)"的"的使用条件

"的"可以用在名词前，表示它前面的词或词组是定语。但不是一切定语后都用"的"。有时必须用，有时不能用，有时可用可不用。

　A. 填空：
　1. (1) 这是谁（　　）书包？　　　　　　　　　　　　　　　（谁）
　　　(2) 他是怎样（　　）一个人？　　　　　　　　　　　　（怎么）
　　　(3) 这样（　　）事不能再发生了！　　　　　　　　　　（这样）
　2. (4) 看电影还是中间（　　）座位比较好。　　　　　（名词；领属）
　　　(5) 我还不习惯这儿（　　）风俗。　　　　　　　（代词；领属）

第四单元 助　词

3. （6）颐和园是一个（　　）美丽（　　）公园。　　　　（数量；双音节形）

　　（7）他是一位（　　）诚实（　　）人。　　　　　　　（数量；双音节形）

4. （8）天冷了，你穿一件厚（　　）毛衣吧。　　　　　　（单音节形）

　　（9）他们俩是一对好（　　）朋友。　　　　　　　　　（单音节形）

5. （10）骑自行车（　　）人请不要闯红灯。　　　　　　　（动宾词组）

　　（11）你讲（　　）那件事情我们已经知道了。　　　　（主谓词组）

6. （12）夏天我喜欢穿丝绸（　　）衬衫。　　　　　　　　（名词；性质）

　　（13）我很喜欢我们的英语（　　）老师。　　　　　　（名词；职业）

7. （14）我（　　）妈妈是日语老师。　　　　　　　　　　（亲属）

　　（15）这是他（　　）妈妈，不是我（　　）妈妈。　　（领属）

　　（16）这是我（　　）哥哥，那是我（　　）姐姐。　　（亲属）

　　（17）这是我（　　）哥哥，不是他（　　）哥哥。　　（领属）

8. （18）我们（　　）国家有五千多万人口。

　　（19）他们（　　）学校没有男同学。

　　（20）哈尔滨是一座工业化（　　）城市。

　　（21）他的开车（　　）技术很不错。

B. 小结：

1. 疑问代词"谁、怎么、这样、那样"作定语，要加"的"[例(1)—(3)]。

2. 名词、代词作定语，表示领属关系，要加"的"[例(4)(5)]。

3. 数量词作定语，不加"的"；双音节形容词作定语，要加"的"[例(6)(7)]。

4. 单音节形容词作定语，不加"的"例[(8)(9)]。

5. 动词性词组和主谓词组作定语，要加"的"[例(10)(11)]。

6. 名词作定语，表示性质[例(12)]一般不加"的"，如果加"的"，表示强调；名词作定语，表示职业[例(13)]，不加"的"。

7. 表示亲属关系时，一般不用"的"[例(14)(16)]，如果用"的"，有强调领属的作用[例(15)(17)]。

8. 定语和后面的名词经常组合的，"的"字可用可不用[例(18)—(21)]，意思不改变。

见下表：

要用"的"	不用"的"	"的"可用可不用
"谁 怎么 这样"等后	数量词后	经常性组合后
表示领属关系	表示亲属关系	
双音节形容词后	单音节形容词后	
动词性词组后	表示性质、职业	

(三) 练习

1. 下列句子的括号中填不填"的"？并说明理由。

(1) 她买了一套(　　)漂亮(　　)衣服。

(2) 她买了一套新(　　)衣服。

(3) 讲课(　　)老师姓王。

(4) 他想当一名职业网球(　　)运动员。

(5) 那个玻璃(　　)茶杯被弟弟打破了。

2. 改正下列句子

(1) 中国同学常常听不懂我们的说话。

(2) 他是我老的朋友。

(3) 我新的同屋是日本人。

(4) 我们的学校名字是北京大学。

(5) 我们的班同学都喜欢喝酒。

(6) 我觉得老师的说话像父母一样。

(7) 你们的自己意见是什么？

(8) 看到了他们的难过脸,我也觉得很难过。

(9) 故宫是过去的皇帝住地方。

(10) 中国要加强同世界的各国人民友谊。

(11) 天太冷时候,我容易感冒。

(12) 我也要买你那样自行车。

4.1.2 地(de)

(一) "地"的作用

"地"的作用比较简单,用在动词或形容词前面,表示它前面的词或词组是状语。

a. 副词＋地：

　　(1) 天气渐渐地暖和起来了。

　　(2) 真倒霉！白白地跑了一天，什么收获也没有。

b. 双音节形容词＋地：

　　(3) 你们应该合理地安排时间。

　　(4) 他每天都高高兴兴地去上班。

c. 某些名词＋地：

　　(5) 我们要历史地考察这一社会现象。

　　(6) 你不应该主观主义地看问题。

d. 各种词组＋地：

　　(7) 他们又说又笑地走了进来。

　　(8) 服务员很客气地说了声"对不起"。

　　(9) 他面带微笑地向大家挥着手。

(二)"地"的使用

"地"可以用在动词和形容词前，表示它前面的词或词组是状语。
和"的"一样，也不是一切状语后都用"地"。有时必须用，有时不能用，有时可用可不用。

A. 填空：

1. (1) 他高兴（　　）笑了 。　　　　　　　　　　（双音节形＋单音节动）

　　(2) 姐姐生气（　　）走了 。

2. (3) 他们努力（　　）学习。　　　　　　　　　　（双音节形＋双音节动）

　　(4) 医生简单（　　）处理了一下伤口。

3. (5) 你多（　　）吃一点儿啊！　　　　　　　　　（单音节形＋单/双音节动）

　　(6) 快（　　）告诉他吧，他都急死了！

4. (7) 护士小姐轻轻（　　）关上了门。　　　　　　（形容词重叠作状）

　　(8) 星期天我要舒舒服服（　　）睡一觉。

5. (9) 老师非常耐心（　　）向我们进行解释。　　　（状中词组作状）

　　(10) 他一动不动（　　）坐在那里。　　　　　　（固定格式作状）

　　(11) 同学们聚精会神（　　）听教授讲课。

　　(12) 孩子们连说带笑（　　）跑出教室。

6. (13) 来中国以前,妈妈再三（　　）嘱咐我要注意身体。　（副词作状）

(14) 他正在（　　）打电话,你等一会儿吧。

7.(15) 这个问题已经部分（　　）得到解决。　　　　（名词作状）

(16) 咱们不能形式主义（　　）看问题。

B. 小结：

1. 形容词作状语最复杂,分为四种情况：

  A. 双音节形容词＋单音节动词,要用"地"[例(1)(2)]；

  B. 双音节形容词＋双音节动词,用不用"地"是自由的[例(3)(4)]；

  C. 单音节形容词后一般不能用"地"[例(5)(6)]；

  D. 形容词的重叠式后,用不用"地"也是自由的[例(7)(8)]。

2. 状中词组[例(9)]和固定格式[例(10)—(12)]作状语,要用"地"。

3. 副词作状语,用不用"地"不确定,有时是自由的[例(13)],有时不能用[例(14)]。

4. 名词作状语,要用"地"[例(15)(16)]。

见下表：

要用"地"	不用"地"	用不用"地" 是自由的	用不用"地" 不自由
双音节形＋单音节	单音节形后	双音节形＋双音节	副词作状语
状中词组后		形容词的重叠式后	
固定格式后			
名词作状语			

（三）练习——下列句子的括号中填不填"地"？并说明理由。

 1. 他每天早（　　）来晚（　　）走,工作很辛苦。

 2. 听到这个好消息,小王心里暗暗（　　）高兴。

 3. 大夫清楚（　　）写了两个字"手术"。

 4. 大家兴高采烈（　　）谈论起当时的情景。

 5. 我根本（　　）就不相信你说的话。

 6. 我们还需要不断（　　）努力。

 7. 你别害怕,大大方方（　　）走进去。

 8. 大家把会议室好好（　　）打扫一下。

 9. 这些玻璃杯需要轻（　　）拿轻（　　）放。

4.1.3 得(de)

(一)"得"的作用

"得"的作用有两个:

1. 用在动词或形容词后,连接表示程度或状态的补语。

A. 肯定形式:

（1）她女儿长得非常漂亮。　　　　　　　　　　　　　　　　（程度）

（2）他跳舞跳得棒极了。　　　　　　　　　　　　　　　　　（程度）

（3）他急得脸都红了。　　　　　　　　　　　　　　　　　　（状态）

（4）大家笑得直不起腰来。　　　　　　　　　　　　　　　　（状态）

B. 程度补语有否定形式,是"……得不……":

（5）她女儿长得不漂亮。

（6）他跳舞跳得不好。

2. 用在动词之后,表示可能。

A. 肯定形式:

（7）我认识路,走得回去。

（8）你坐在后面,听得清楚老师讲的话吗?

B. 否定形式是把"得"换成"不":

（9）我不认识路,一个人走不回去。

（10）我坐在后面,听不清楚老师讲的话。

(二)"得"的使用

A. 辨别正误:

a. （1）你太晚来了,他一个小时前就走了。

（2）你来得太晚了,他一个小时前就走了。

（3）今天下雨很大,不穿雨衣不能出去。

（4）今天雨下得很大,不穿雨衣不能出去。

（5）今天下雨得很大,不穿雨衣不能出去。

b. （6）他写汉字得很漂亮。

（7）他写汉字写得很漂亮。

（8）他汉字写得很漂亮。

(9) 他说汉语得很流利,好像中国人一样。

(10) 他说汉语说得很流利,好像中国人一样。

(11) 他汉语说得很流利,好像中国人一样。

c. (12) 吃晚饭前,姐姐把衣服能洗得完。

(13) 吃晚饭前,姐姐能把衣服洗完。

(14) 吃晚饭前,姐姐洗得完这些衣服。

(15) 我戴了眼镜儿,把黑板上的字能看清楚。

(16) 我戴了眼镜儿,能把黑板上的字看清楚。

(17) 我戴了眼镜儿,看得清楚黑板上的字。

d. (18) 我一个人吃得不完这么大的西瓜。

(19) 我一个人吃不完这么大的西瓜。

(20) 我一个人吃不了这么大的西瓜。

(21) 要不是他告诉我,我还没有找得到你。

(22) 要不是他告诉我,我还找不到你。

(23) 要不是他告诉我,我还不可能找到你。

e. (24) 我排了两个小时的队,才买得到今晚音乐会的票。

(25) 我排了两个小时的队,才买到了今晚音乐会的票。

(26) 他们讲的都是标准的普通话,我们很容易就听得懂。

(27) 他们讲的都是标准的普通话,我们很容易就听懂了。

f. (28) 在老师的帮助下,他的汉语提高了很快。

(29) 在老师的帮助下,他的汉语提高得很快。

(30) 我们在这里生活着非常愉快。

(31) 我们在这里生活得非常愉快。

B. 小结:

1."得"在连接表示程度的补语时要注意以下几点:

A. 该用程度补语表达的别忘了用,如例(1)(3)都是错句,(2)(4)是正确的,例(5)也是错句,因为"得"字放错了位置。

B. "得"在连接程度补语时,如果"得"前的动词带宾语,要重复动词,再用"得",例(7)(10)是正确的,否则是错句[(6)(9)],也可以改变说法,例(8)(11)也是正确的句子。

C. "得"不能用在"把"字句里,例(12)(15)是错句,这两句话正确的表达方法如(13)(16),或者不用"把",如例(14)(17)。

2. "得"在动词后,表示可能时,否定形式是"动词+不+补语",不能再出现"得",例(18)是错句,(19)(20)都是对的。(21)是错句,(22)(23)是对的。

3. 结果补语前不能用"得"字,例(24)(26)错了,(25)(27)是对的。

4. 要注意"得"与"了、着"的区别,例(28)(30)错了,(29)(31)才对。

(三)练习——改正下列句子

(1) 这个字你不读得正确。
(2) 昨天我没能买得到今天的电影票。
(3) 他们都说得英语很流利。
(4) 我把这些练习一小时能做得完。
(5) 你怎么总是把这个音发不对?
(6) 刚来中国时,老师讲话我不能都听得懂。
(7) 这几个字很难写,我记了几次才记得住。
(8) 他汉语说得很标准,谁都不能听得出来他是日本人。
(9) 他唱英语歌比我好极了。

4.1.4 所 给

(一)所

"所"是古汉语词,现代汉语仍然沿用,用来构成名词性词组:

a. 所+单音节动词:

(1) 我把这次去泰国的所见所闻都讲给大家听了。
(2) 他每月所得(指工资)一半用来还银行房贷款。
(3) 一边听音乐一边看书是他的乐趣所在。
(4) 你怎么所答非所问?

b. 所+动词+的:

(5) 我所知道的都告诉你了。
(6) 我们所讨论的正是你们提出的问题。
(7) 情况和我们所估计的完全不一样。
(8) 这种结果正是大家所期望的。

c. 所+动词+的+名词:

(9) 他所汇报的情况很重要。

(10) 这次总统所访问的国家都是非洲国家。

(11) 她是广大青年所喜爱的一位歌手。

(12) 你们所关心的问题到底是什么？

d. 被(为)＋代词/名词＋所＋动词，表示被动，多用于书面语：

(13) 你不要被他所欺骗。

(14) 结论已经被事实所证明。

(15) 这种情况早已为大家所了解。

e. 固定用法，"所＋动词"常用在"有、无"的后面或成语中：

(16) 她的病情有所好转。（＝有一些好转）

(17) 近年来，人民的生活水平有所提高。（＝有一些提高）。

(18) 他的消息很灵，公司里的事他无所不知。（＝什么都知道）

(19) 这种事情真是闻所未闻。（＝从来没听说过）

(20) 你真让我们大失所望。（＝非常失望）

(二) 给

用于动词前，略带强调意味，可省略，多用于口语。

a. 用于主动句：

(1) 他把自行车给修好了。

(2) 这件事你给想着点儿，到时候别给忘了。

b. 用于被动句：

(3) 奶奶的眼镜被小花猫给打碎了。

(4) 所有的饺子都给哥哥吃光了。

练 习 十 九

一、在下列句中可以加"的"的地方加上"的"

1. 院子里又响起了孩子们（　　）欢乐（　　）笑声。
2. 这是一条（　　）最节约时间（　　）路线。
3. 我永远也忘不了小时候我（　　）奶奶对我（　　）关心和照顾。
4. 照片的左边是我（　　）爸爸（　　）爸爸，右边是爸爸（　　）哥哥。
5. 学校请了一位（　　）美国（　　）老师教我们英语。

6. 这是弟弟用旧（　　）报纸叠（　　）小（　　）纸船。

7. 最近我看（　　）这部外文（　　）小说很有意思。

8. 新盖（　　）阅览室（　　）光线很好。

二、改正下列病句

1. 他住在一间不大屋子里。

2. 他不是北京人，他讲我们听不清楚。

3. 我听懂了那个售货员说话。

4. 跟我们一起去，除了韩国同学外，还有日本同学。

5. 他的说中文越来越好。

6. 圆明园的参观以后，我们又去颐和园。

7. 长城是中国的古代的人民的智慧的结晶。

8. 医生特别仔细询问了病人近来情况。

9. 考生很流利用法文说出了这句话。

10. 孩子们目不转睛看着动画片。

11. 作报告的人声音太小了，我不听得清楚。

三、用"的、地、得、所、给"填空

1. 这张照片把大家带到了那遥远（　　）过去。

2. 他对学习上遇到的问题，一定要弄（　　）清清楚楚才行。

3. 小弟弟兴奋（　　）问："咱们去哪儿玩啊？"

4. 我同屋买（　　）那本字典比我买（　　）这本好（　　）多。

5. 细菌是无（　　）不在（　　）。

6. 经过一段时间（　　）努力，他（　　）中文水平明显（　　）提高了。

7. 几句热情（　　）话，说（　　）大家心里热乎乎的。

8. 我们都为他（　　）这种刻苦精神（　　）深深感动。

9. 改革开放以后，中国（　　）经济发展（　　）很快，人民（　　）生活水平有了很大（　　）提高。

10. 新买（　　）录音机才几天就（　　）弄丢了，真倒霉！

11. 在老师（　　）帮助下，我很快（　　）就掌握了"的、地、得"（　　）不同用法。

12. 大家各取（　　）需吧，随便吃，随便喝。

第二节 动态助词

4.2.1 了

一般认为,汉语里有两个"了",一个用在动词后,表示动作的完成与实现,称为"了$_1$";另一个用在句尾,表示事态的变化和确定的语气,称为"了$_2$"。了$_1$是动态助词,是这一节要讨论的,了$_2$是语气助词,我们在下一节讨论。

(一)"了$_1$"的基本用法

一般情况下,了$_1$紧跟在动词后,如果有宾语,了$_1$用在宾语前;如果句中有结果补语,了$_1$用在补语后。

a. 动作已经完成:

(1) 我已经通知了老王。　　　　　　　　　　(用在宾语"老王"前)

(2) 他买了一张去纽约的飞机票。　　　　　　(用在宾语前)

(3) 他寄走了给出版社的稿子。　　　　　　　(用在结果补语"走"后)

b. 预计要完成:

(4) 等他来了,你问问他。

(5) 明天晚上吃了饭我们去听音乐会。　　　　(用在宾语"饭"前)

(6) 我要看完了这场足球比赛再睡觉。　　　　(用在结果补语"完"后)

c. 假设的完成:

(7) 累了就休息一会儿。

(8) 要是赢了这场比赛,咱们就能进入决赛。　(用在宾语前)

(9) 如果你说错了,是要负责任的。　　　　　(用在结果补语"错"后)

（二）使用"了₁"要注意的问题

"了₁"的使用十分复杂,不是所有表示动作完成的情况都要用"了₁",下面介绍主要使用规则。

Ⅰ.下列情况能不能用"了₁"

A. 辨析正误：

1. （1）a. 那件事我不知道,他没告诉了我。　　　　　　　（句中有否定词）
    　　b. 那件事我不知道,他没告诉我。

   （2）a. 你没有写清楚了地址,当然寄不到。
    　　b. 你没有写清楚地址,当然寄不到。

2. （3）a. 每星期他都看了一个中国电影。　　　　　　　（表示经常性行为）
    　　b. 每星期他都看一个中国电影。

   （4）a. 来中国以后,我的汉语水平天天有了提高。
    　　b. 来中国以后,我的汉语水平天天有提高。

3. （5）a. 他喜欢了跟朋友们一起去爬山。　　　　　（表示心理活动的动词后）
    　　b. 他喜欢跟朋友们一起去爬山。

   （6）a. 我认为了这件事是你不对。
    　　b. 我认为这件事是你不对。

4. （7）a. 他会了说五种语言。　　　　　　　　　　　　　（能愿动词后）
    　　b. 他会说五种语言。

   （8）a. 我要了买那本字典,可是没买到。
    　　b. 我要买那本字典,可是没买到。

5. （9）a. 我是坐飞机来了北京的。　　　　　　　　　　（处于"是……的"中）
    　　b. 我是坐飞机来北京的。

   （10）a. 他是在图书馆告诉了我这个消息的。
    　　 b. 他是在图书馆告诉我这个消息的。

6. （11）a. 我去了邮局的时候,碰见了一位老朋友。

    　　　　　　　　　　　　　　　　　　　　　　　　（处于"……的时候"中）
    　　 b. 我去邮局的时候,碰见了一位老朋友。

   （12）a. 来了中国以前,我一句中国话也不会说。　　　（处于"……以前"中）
    　　 b. 来中国以前,我一句中国话也不会说。

7. （13）a. 十年前,我开始了学习西班牙语。　　　　　　　（带动词性宾语）
    　　 b. 十年前,我开始学习西班牙语。

(14) a. 无论我们怎么劝,他还是拒绝了跟她见面。
　　　　 b. 无论我们怎么劝,他还是拒绝跟她见面。
B. 总结：

以上各组句子中 a 句都是错句,b 句都是对的。因为下列情况不能用"了₁",理由是：

1. 在否定句中[见例(1)(2)];
2. 表示经常性行为[见例(3)(4)];
3. 表示心理活动的动词后[见例(5)(6)],其他表示心理活动的动词有"同意、决定、感到、发现、答应、以为、希望……"等;
4. 能愿动词后[见例(7)(8)];
5. 处于"是……的"格式中[见例(9)(10)];
6. 处于"……的时候"或"……以前"格式中[见例(11)(12)];
7. 带动词性宾语[见例(13)(14)]。

Ⅱ. "了₁"的位置

A. 辨别正误：

1. (1) a. 看女儿的信,妈妈高兴地笑了起来。　　　（两个动作连续发生）
　　　 b. 看了女儿的信,妈妈高兴地笑(了)起来。
　 (2) a. 我下课就去找你。
　　　 b. 我下了课就去找你。
2. (3) a. 刚才我朋友来了问我一个问题。　　　　　（后一个动作表示目的）
　　　 b. 刚才我朋友来问了我一个问题。
　 (4) a. 小王去了邮局寄一个包裹。
　　　 b. 小王去邮局寄了一个包裹
3. (5) a. 他用了筷子吃饭。　　　　　　　　　　　（前一个动作表示方式）
　　　 b. 他用筷子吃了饭。
　 (6) a. 我们一起坐了飞机去桂林。
　　　 b. 我们一起坐飞机去了桂林。
4. (7) a. 我把那张照片送了给我的朋友。　　　　　（动词后有结果补语）
　　　 b. 我把那张照片送给了我的朋友。
　 (8) a. 弟弟急急忙忙地跑了上楼。　　　　　　　（动词后有趋向补语）
　　　 b. 弟弟急急忙忙地跑上了楼。

5. (9) a. 病人坐了在一把椅子上。　　　（动词后有"在/到＋处所补语"）
　　　 b. 病人坐在了一把椅子上。
　 (10) a. 护士把药放了到床边的桌子上
　　　 b. 护士把药放到了床边的桌子上。

B. 总结：

1. 在连动句中，表示两个动作连续发生时，"了"用在第一个动词后，如例(1)b(2)b。

2. 在连动句中，后一个动作表示前一个动作的目的时，"了"用在第二个动词后，如例(3)b(4)b。

3. 在连动句中，前一个动作表示后一个动作的方式时，"了"用在第二个动词后，如例(5)b(6)b。

4. 动词后有结果补语或趋向补语时，"了"用在补语后，如例(7)b(8)b。

5. 动词后有"在/到＋处所补语"时，"了"用在"在/到"后、处所名词前，如例(9)b(10)b。

（三）练习

1. 改正下列病句，并说明理由
　(1) 上个月五号，我们到中国的首都北京。
　(2) 我是不是发烧了？我感觉了很冷。
　(3) 来中国以后，我们俩一直在一个班学习了汉语。
　(4) 那天，我们参观工厂、学校，还参观幼儿园。
　(5) 父母盼望了孩子们都能回家过春节。
　(6) 经过讨论，大家明确自己的任务。
　(7) 糟糕！我没带来了火车票，怎么办？
　(8) 现在你应该了去睡觉。
　(9) 离开了实验室以前，他认真检查了电源。
　(10) 我到了家的时候，大家已经都睡了。
　(11) 这本书我看三天，还没看完。
　(12) 小王是坐长途汽车去了天津的。

2. 在正确的位置上加"了"
　(1) 他穿（　　）上（　　）外衣。
　(2) 大家都用（　　）毛笔签（　　）名。

(3) 服务员把信放（　）在（　）信箱里。
　　(4) 刚才我去（　）自由市场买（　）一些水果。
　　(5) 他要写（　）完（　）信去吃饭。
　　(6) 昨天外语学院的同学来（　）我们学校参加（　）网球赛。
　　(7) 每个人都爬（　）到（　）山顶。
　　(8) 他每天洗（　）澡（　）才睡觉。
　　(9) 这几位老人住（　）在（　）一所公寓里。

4.2.2　着

（一）"着"的基本意义和用法

1. 用在动词后，表示动作正在进行。如：
　　(1) 妈妈站在窗口，向我挥着手。
　　(2) 外面刮着大风，下着大雨。
　　(3) 场上比赛正激烈地进行着。

2. 用在动词、形容词后，表示状态的持续。如：
　　(4) 你还发着烧呢，不能去上班。
　　(5) 李老师今天穿着一件粉红色的上衣。
　　(6) 会议室里的灯一直亮着，可能会议还没结束。

3. 用在两个动词之间，表示第一个动作是第二个动作的方式或手段：
　　(7) 别站着说，快坐下。
　　(8) 他弯着腰骑车。
　　(9) 姐姐总是听着音乐学习。

4. 连用两个带"着"的动词，后面接用其他动词，表示一个动作正在进行的时候，另一个动作又发生了。
　　(10) 他听着听着睡着了。
　　(11) 我们聊着聊着，不知不觉到了吃晚饭的时候。
　　(12) 老大娘说着说着哭了起来。

（二）使用"着"要注意的问题

A. 辨别正误：

1. (1) a. 我去的时候,他正坐听收音机呢。
      b. 我去的时候,他正坐着听收音机呢。　　（前一动作表示方式）
   (2) a. 他紧紧握我的手说:"欢迎！欢迎！"
      b. 他紧紧握着我的手说:"欢迎！欢迎！"
2. (3) a. 他躺着在床上看电视。
      b. 他躺在床上看电视。　　　　　　　　　（有处所词语）
   (4) a. 我们几个人住着在同一座宿舍楼里。
      b. 我们几个人住在同一座宿舍楼里。
3. (5) a. 风刮着很大,谁也不愿意出去。
      b. 风刮得很大,谁也不愿意出去。　　　　（有程度补语）
   (6) a. 今天,她打扮着非常时髦。
      b. 今天,她打扮得非常时髦。
4. (7) a. 他们鼓掌着热烈欢迎我们留学生。
      b. 他们鼓着掌热烈欢迎我们留学生。　　　（有离合词）
   (8) a. 我们一边散步着,一边聊天。
      b. 我们一边散着步,一边聊天。
5. (9) a. 她一直暗暗地爱着他好几年。
      b. 她一直暗暗地爱着他。
      c. 好几年了,她一直暗暗地爱着他。
   (10) a. 他努力学习着两年,终于考上了理想的大学。
       b. 他努力学习,终于考上了理想的大学。
       c. 两年来,他一直努力学习,终于考上了理想的大学。

B. 说明:

以上各组句子中 a 句都是错句,b 句是对的。理由如下:

1. 当两个动词性词组连用,第一个动作是第二个动作的方式或手段时,要在第一个动词后用"着",见例(1)(2)。

2. 当动词后有表示处所的词语时,要用"在",不能用"着",见例(3)(4)。

3. 当动词后有描述动作程度的词语(程度补语)出现时,要用"得",不能用"着",见例(5)(6)。

4. "鼓掌、散步"是汉语里一类特殊的词,叫作"离合词",它们合起来是一个动词,但又可以分开用(鼓了掌/鼓着掌/散一会儿步/散了一个小时步)。当这类词跟"着"配合时,必须分开用,即中间插入"着",见例(7)(8)。常用的离合词还有:"睡觉、敬礼、鞠躬、谈话、跳舞、唱歌、游泳、洗澡、划船、爬山、画画、发烧"等。

5. 用"着"的句子,后边不能加表示具体时间长度的词语,(9)a 是错的,(9)b 才对,如果要强调时间,要改变句式,如(9)c。例(10)的情况与(9)不同,这个句子根本就不能用"着"(不能说"努力学习着"),正确的说法是例(10)b 和(10)c。

(三)练习——把下列句子改写成用"着"的句子

1. 他们讨论这个问题讨论得很热烈。
2. 我现在发烧,不想吃油腻的东西。
3. 他太累了,衣服也没脱就睡着了。
4. 孩子们一边跳一边蹦走进教室。
5. 他现在不能接电话,他正在给学生们讲课。
6. 桌子上有一盏台灯,还有几本书。
7. 教室后面的墙上挂了一张世界地图。
8. 妈妈流下了眼泪。妈妈答应了他的要求。
9. 孩子哭了。孩子在叫妈妈。
10. 听到这个消息,爸爸笑了,对我点了点头。

4.2.3 过

(一)"过"的基本意义和用法

用在动词或形容词后表示动态。

1. 表示过去的经验,句子里常常用"曾、曾经"。

a. 动词/动词词组+过:

(1)你去过香港吗?
(2)我也曾这么想过,但一直没说出来。
(3)他们曾经在一起工作过好几年。
(4)自从做了手术,他就再也没有站起来过。

b. 形容词+过,常常用于否定形式(从来+没+这么+形容词+过):

(5)我年轻时也曾胖过,现在瘦下来了。
(6)大家的情绪从来没这么好过。
(7)北京的冬天从来没这么暖和过。

2. 表示完成，意思和"了"相当，可以用"完"替换，可以和"了"在一个句子里同时出现：

(8) 我已经吃过饭了。

(9) 等去过医院，看完病再回家。

(10) 他回宿舍以后，已经洗过澡，换过衣服，现在正舒舒服服地看电视呢！

(二) 使用"过"要注意的问题

A. 辨别正误：

1. (1) a. 你吃这种水果过吗？　　　　　　　　　　　　（动词后有宾语）

　　　b. 你吃过这种水果吗？

　(2) a. 我在国内读《红楼梦》过，但没读完。

　　　b. 我在国内读过《红楼梦》，但没读完。

2. (3) a. 我小时候跟父母一起住欧洲过一段日子。　　　　（有处所词语）

　　　b. 我小时候跟父母一起在欧洲住过一段日子。

　(4) a. 他摔伤的时候，躺床上过一个多月。

　　　b. 他摔伤的时候，在床上躺过一个多月。

3. (5) a. 小王去过西藏。

　　　b. 小王没去过西藏。　　　　　　　　　　　　　　　（否定式）

　　　c. 小王没去西藏。（他去新疆了。）

　(6) a. 我爸爸曾经在非洲工作过。

　　　b. 我爸爸（从来）没有在非洲工作过。

　　　c. 我爸爸不曾在非洲工作过。

　　　d. 我爸爸没有曾经在非洲工作过。

B. 说明：

1. 跟"了"一样，"过"也总是出现在宾语前，例(1)(2)中 a 句不对，b 句才对。

2. 当句中有表示处所的词语时，要用"在＋处所词"格式，放在动词前，"过"紧跟在动词后，例(3)(4)中 a 句不对，b 句是对的。

3. "过"的否定形式是在动词前用"没(有)"，后面仍然要保留"过"，如例(5)(6)句中的 b 句。如果不保留"过"，句子的意思要发生改变，如例(5)c 句。如果句中有"曾经"，否定式除用"没有"外，还可以用"不曾"，如例(6)c 句，但"没有"和"曾经"不能同时用，例(6)d 句是错的。

4.2.4 来着　呢

（一）来着

"来着"是一个口语词,表示某一情况在不久前曾发生,句中动词不能带"了"、"过"。

    a. 用于陈述句句尾：

      （1）刚才我睡觉来着,没听见敲门声。

      （2）你各屋找找,五分钟前我还看见他来着。

      （3）昨天晚上我们大家去他家喝酒来着。

      （4）"地怎么都湿了？"

          ——"下雨来着！"

    b. 用于疑问句句尾,常常不是真的表示询问,而是表示某个信息,说话人一时想不起来了,要求对方提醒或重复：

      （5）你叫什么名字来着？

      （6）他刚才说什么来着？

      （7）上个月你们去哪儿旅行来着？

      （8）去年春节都谁上咱们家来着？

（二）呢

"呢"的主要作用是表示语气,具体用法见下一节。但"呢"也是动态助词,它的用法是：

    1. 用在叙述句尾,表示动作正在进行。

    a. 单独使用：

      （1）外面下雨呢！

      （2）老师打电话呢！

      （3）我吃饭呢,等一会儿再去。

    b. 和"正、在、正在"一起用：

      （4）他正画画呢,别打扰他。

      （5）小王在睡觉呢,咱们小声点儿。

      （6）领导正在跟工人们谈话呢。

c. 和"着"一起用,可以同时出现"正、正在"等:

(7) 你(正)发着烧呢,千万别再着凉了。

(8) 你快进去吧,客人们在等着呢。

2. 用在否定句尾,表示动作到说话时还没实现,含有将要实现的意思,常和"还"一起用:

(9) 我的论文还没写完呢,不能跟你们一起去旅行。

(10) 我才来几天,周围的环境还不太熟悉呢!

(11) 她女儿还没结婚呢,婚礼是在下个月。

练 习 二 十

一、在正确的位置上加"了"

1. 听（　　）医生的话,他立刻走（　　）出（　　）病房。

2. 前年,我得（　　）一场大病（　　）,住（　　）一个多月医院（　　）,才恢复（　　）健康（　　）。

3. 他在中国住（　　）一年以后,决定（　　）大学毕业（　　）来中国找工作。

4. 经过一段时间的学习,我会（　　）说（　　）一点儿简单的汉语（　　）。

5. 他二十岁左右,就是（　　）一名很有名的画家（　　）。

6. 医生先看（　　）看（　　）我的嗓子,又听（　　）听（　　）我的胸部。

7. 刚才我去（　　）邮局（　　）往日本寄（　　）一箱子书。

8. 他把花盆摆（　　）在（　　）窗台上。

二、把下列"是……的"改成带"了"的句子

如:妈妈是流着眼泪看完女儿的来信的。

→ 妈妈流着眼泪看完了女儿的来信。

1. 是我的同屋告诉我这个消息的。

2. 他们的婚礼是在美国举行的。

3. 我是在老家度过这个暑假的。

4. 妈妈是坐轮船来中国的。

5. 昨天,是老王给你打电话的。

6. 我是在飞机场遇见老同学的。

7. 火车是下午三点十分到站的。
8. 他是晚上十二点多才回到宿舍的。

三、选词填空

　　　　了　着　过　来着　呢

1. 过去,我只是在电视里看见(　　)长城,今天终于亲眼看到(　　)。
2. 在汽车上,我们一边唱(　　)歌,一边看(　　)窗外的风景。
3. 爷爷今年80岁了,他年轻时,曾当(　　)兵,打(　　)仗。
4. 爷爷今年80岁了,他在北京住(　　)一辈子,从来没去(　　)别的地方。
5. 春节那天,孩子们都穿(　　)节日的服装,高兴极(　　)。
6. 我们家习惯看(　　)电视吃晚饭。
7. 刚才你叫他什么(　　)?
8. 这一段日子,我的身体就一直没好(　　),不是头疼就是咳嗽。
9. 你看,外面下(　　)雨(　　),比赛怎么进行?
10. 这是历史上不曾有(　　)的奇迹。
11. 你要找的人,正在台上演讲(　　)。
12. 他在北京住(　　)那么长时间,居然连故宫也没去(　　)。

四、辨别正误

1. A. 在中国学习的四年中,我们每年春天都去了长城。
   B. 在中国学习的四年中,我们每年春天都去长城。
2. A. 你是什么时候到中国来的?
   B. 你是什么时候到中国来了?
3. A. 我在国内的时候,就吃了这种菜。
   B. 我在国内的时候,就吃过这种菜。
4. A. 这么大的水灾,我们家乡从来没有了。
   B. 这么大的水灾,我们家乡从来没有过。
5. A. 他太累了,一进屋就躺了在床上。
   B. 他太累了,一进屋就躺在了床上。
6. A. 我没有曾经跟他一起工作过。
   B. 我从来没有跟他一起工作过。

五、改正下列病句,并说明理由

1. 为了了解情况,警察去事故的现场。
2. 时间还早,咱们吃饭再走吧!
3. 春节前后,他一直住了在上海。
4. 前天我打算了看晚上的电影,可是没买到了票。
5. 那天,一直刮了风,下了雨。
6. 我在西安曾经教书半年。
7. 他得感冒,从中午12点到现在一直睡了觉。
8. 他昨天骑走我的自行车,今天还没有还了给我。
9. 来中国以后,我还从来没生病过。
10. 虽然咱们俩从来没见面过,可你的名字我早听说了。
11. 来中国留学以后,我常常想过以前的朋友。
12. 夏天的时候,我喜欢开窗户睡觉。
13. 一大群人,正躺着在沙滩上晒太阳。
14. 在昨天的演讲会上,他说汉语说着非常流利。

第三节 语气助词

语气助词可以单独或配合一定的语调表示各种不同的语气。一种语气,可以用几个不同的语气词来表示,一个语气词也可能表示几种不同的语气,下面分别介绍不同语气词的作用。

4.3.1 啊 吧 吗 呢 嘛

(一) 啊

"啊"的主要作用是舒缓语气,如果不用"啊",句子的意思不变。

a. 用于表示赞叹、厌恶、焦急、不耐烦等句句尾:

    (1) 这花儿开得多漂亮啊!   (赞叹)

    (2) 吸烟真叫人讨厌啊!   (厌恶)

    (3) 这可怎么办啊!   (焦急)

    (4) 你倒是快决定啊!   (不耐烦)

b. 用于表示同意、肯定、提醒、嘱咐等句句尾:

    (5) 好啊,就按你说的办。   (同意)

    (6) 他说的都是事实啊!   (肯定)

    (7) 快走啊,时间不早了。   (提醒)

    (8) 路上千万要小心啊!   (嘱咐)

c. 用于疑问句句尾:

    (9) 他是谁啊?

    (10) 你同意不同意啊?

d. 用于句中停顿处:

    (11) 他啊,最喜欢睡懒觉了。

（12）这几年啊,我们家乡的变化可大了。

e. 用于句中表示列举的每一项之后:

（13）他很喜欢运动,网球啊,排球啊,羽毛球啊,都打得很好。

（14）我刚才去商店,牛奶啊,面包啊,巧克力啊,水果啊,买了一大堆。

注意:"啊"在句尾或句中,由于受到前一个字韵母或韵尾的影响,会发生音变,可以一律写成"啊",也可以写成不同的字,见下表:

前一字的韵母或韵尾	"啊"的音变	汉字	举例
a,e,i,o,ü	a→ia	呀	去呀
u,ao,ou	a→ua	哇	走哇
-n	a→na	哪	看哪
-ng	a→nga	啊	听啊

（二）吧

1. 用于句尾,表示疑问,带有推测的口气:

（1）你是日本人吧?

（2）今天是星期三吧?

（3）他不会不来吧?

2. 用于句尾,表示商量、请求、命令等语气:

（4）时间不早了,咱们走吧!

（5）你就帮帮他吧!

（6）停下来吧,别走了。

3. 用于句尾,表示同意:

（7）好吧,我同意了。

（8）就这样吧,今天的会就开到这儿。

4. 用于句中,表示停顿。

a. 用于举例:

（9）我跑步一点儿也不快,比如小王吧,就比我跑得快多了。

（10）这儿的天气真不怎么样,就拿这星期来说吧,没有一天不下雨。

b. 用于对举,有假设的语气:

（11）去吧,没那么多钱,不去吧,朋友们会不高兴,真让我为难。

（12）主人又热情地给我倒上了酒,喝吧,我会醉的;不喝吧,又不好推辞。

(三) 吗

1. 用于句尾,表示疑问:

(1) 你去过海南岛吗?

(2) 他们已经决定参加下星期的比赛了吗?

2. 用于反问句句尾,起强调作用,常与"难道、不是"等词一起用。

a. 用否定形式,强调肯定:

(3) 你难道不知道这样做是违法的吗? (=你是知道的)

(4) 发生这样的问题,难道你们就没有责任吗? (=你们是有责任的)

b. 用肯定形式,强调否定:

(5) 难道你这样做也是为了大家好吗? (=不是为了大家好)

(6) 酒后开车是一个司机应该做的吗? (=不是司机应该做的)

3. 用于句中,表示停顿,引起对方注意,这时多写作"嘛",具体用法见后。

(四) 呢

上一节介绍了"呢"作为动态助词的用法,本节介绍语气助词"呢"的用法。

1. 表示疑问的语气

a. 用在一般疑问句句尾,使语气舒缓:

(1) 他怎么还不回来,去哪儿了呢?

(2) 你让我怎么回答他呢?

(3) 你是同意呢?还是不同意呢?

b. 在一定的上下文里,"呢"可以直接用在名词性或代词表示疑问语气:

(4) 我喜欢吃四川菜,你呢?

(5) 我的自行车呢?怎么不见了?

2. 用在反问句句尾,加强反问语气,常与"哪里、怎么、何必"配合使用:

(6) 我们怎么会忘记那段美好的日子呢?(=不会忘记)

(7) 要不是带了地图,我们怎么能找得着这儿呢?(=找不着)

(8) 他已经拒绝了你,何必再去问他呢?(=不要去问他了)

3. 用在陈述句句尾,表示赞叹、夸张、嫌恶等语气,有"可、才、还"配合使用:

(9) 德语可难学呢!

(10) 那个商店的东西可贵呢,可别去那儿买东西。

(11) 我才不相信他的话呢!

(12) 我可不行,他才聪明呢!

(13) 和你比，我的水平还差得远呢。

4. 用在句中，表示停顿：

(14) 今天呢，我有点儿事，就不陪你们了。

(15) 他的几个孩子都工作了，老大呢，是老师；老二呢，当兵；老三是一个售货员。

(16) 我的身体是不太好，其实呢，也没什么大病。

（五）嘛

1. 表示事情本应如此或理由显而易见。

a. 用于陈述句句尾：

(1) 错了就改嘛！

(2) 没关系，不会就学嘛。

(3) 你这样做本来就不对嘛！

b. 用于反问句句尾，句中多有"不是"搭配使用：

(4) 我不是说了嘛，你不用去了。

(5) 你不是我们班的新同学嘛，我当然应该多关照。

2. 表示请求、期望、劝阻：

(6) 你们慢点儿走嘛，我跟不上。

(7) 不要哭嘛，有什么事慢慢说。

(8) 抽烟一点儿好处也没有，你就别抽了嘛。

3. 用在句中的停顿处，引起对方对下文的注意。

(9) 老师嘛，就应该有耐心。　　　　　　　　　（用于名词后）

(10) 你要是不去嘛，早点儿打电话告诉人家。　　（用于动词后）

(11) 便宜嘛，所以我多买了一点儿。　　　　　　（用于形容词后）

(12) 就是嘛，困难并不是不能克服的。　　　　　（用于副词后）

（六）练习——用"啊、吧、吗、呢、嘛"填空

(1) 多来几次就熟悉了(　　)！

(2) 昨天的新年晚会可热闹(　　)！

(3) 行(　　)，就照他们的意见去办。

(4) 生活(　　)，本来就是丰富多彩的。

(5) 你说的这件事(　　)，我早就听说了。

第四单元　助　词

(6) 这不是在骗人（　　）？

(7) 我看咱们还是一起去（　　）。

(8) 让我去（　　），我从来没去过那儿。

(9) 你同屋（　　）？怎么没来？

(10) 这本书怎么样（　　）？

（七）比较

Ⅰ."吗、吧、呢"这几个语气词都可以用在疑问句里,但有分工。

填空：

A. a.（1）他今天来过（　　）？

(2) 你给他写信了（　　）？

b.（3）十点了,大概他已经来了（　　）？

(4) 也许是你记错了（　　）？

c.（5）今天是星期三（　　）？

(6) 下雨了（　　）？

B.（7）你是跟谁一起去的（　　）？

(8) 你去哪儿了（　　）？

(9) 你去那儿干什么了（　　）？

(10) 你们是怎么去的（　　）？

C. a.（11）你们去不去（　　）？

(12) 你有没有时间（　　）？

b.（13）你想吃米饭（　　），还是吃饺子（　　）？

(14) 咱们是走着去（　　），还是坐车去？

D.（15）这不是你的钥匙（　　）？　　（＝这是你的钥匙）

(16) 谁知道他去哪儿了（　　）？　　（＝谁都不知道他去哪儿了）

(17) 你说可笑不可笑（　　）？　　（＝这很可笑）

说明：

1. 汉语里的疑问句分为三类：

A. 是非问句,要求听话人作出肯定或者否定的回答。如(1)—(6)句。

B. 特指问句,句中一定有疑问代词"谁、什么、怎么、哪儿"等,疑问代词问什么,听话人回答什么。如(7)—(10)。

C. 选择问句,要求听话人在说话人提出的问题中选择一种作出回答,如

(11)—(14)。

D. 汉语中有的句子形式上是疑问句,但不要求回答,只是用疑问句的形式表示肯定或否定。这种疑问句叫做反问句。如(15)—(17)。

2. 是非问句里又可分为两类,一类是一般疑问句,如(1)(2),句尾要用"吗";另一类是推测疑问句,说话人已经有了初步的想法,但不十分肯定,希望从听话人那儿得到证实,如(3)(4),推测疑问句句尾要用"吧",句中还常用"大概、也许"等词呼应。有时,同一个句子里既可以用"吗",又可以用"吧",所表达的意思会有所不同,如(5)(6)。

3. 特指问句句尾要用"呢",不能用"吗、吧",如(7)—(10)。

4. 选择问句也要用"呢",不能用"吗、吧",例(11)(12)是动词的肯定、否定形式叠用,句尾用"呢",例(13)(14)句中用"还是",可以连用两个"呢"[(13)],也可以只用一个[(14)]。

5. 反问句是是非问句[(15)]、特指问句[(16)]和选择问句[(17)]变化而来的,反问句句尾的语气助词分别同是非问句[(15)填"吗"]、特指问句[(16)填"呢"]和选择问句[(17)填"呢"]。

6. 以上各句,除例(3)(4)不能填"啊"外,其他各句都可以用"啊"。在是非问句里,用"啊"是要验证对方的想法或已说过的话;在其他问句里是表示一种比较随便的语气。

Ⅱ."啊、吧、呢"这几个语气词都可以用句中停顿处,但各有侧重。

填空:

A. a. (1) 我姐姐(　　),长得可漂亮了!
　　　(2) 你找一找(　　),护照肯定在抽屉里。
　 b. (3) 他这次考试成绩很好,英语(　　)、数学(　　)、物理(　　),门门都在90分以上。
　　　(4) 他去过的国家可多了,日本(　　)、韩国(　　)、新加坡(　　)、泰国(　　),都去过。

B. a. (5) 我们家人都喜欢运动,比如我哥哥(　　),滑冰、游泳,样样都行。
　　　(6) 这几年人民的生活提高得很快,就拿住房来说(　　),我们家五年内就搬了两次新家。
　 b. (7) 答应(　　),觉得不好,不答应(　　),也觉得不好。
　　　(8) 穿羽绒服(　　),嫌热,不穿(　　),又怕冷。

C. a. (9) 你要是同意(　　),我马上就去告诉他。

(10) 如果我七点还没回来（　　），你们就先吃，不用等我。

b. (11) 他说他病了不能去，实际上（　　），是不想去。

(12) 今天天气是不太好，其实（　　），也就是有点儿风，去公园玩儿问题不大。

说明：

1. "啊"用在句中停顿处时，主要作用有二：第一，舒缓语气，如(1)(2)；第二，表示多项列举，如(3)(4)。

2. "吧"用在句中停顿处时，主要作用也有二：第一，表示举例，如(5)(6)；第二，表示正反对举，如(7)(8)。

3. "呢"用在句中停顿处时，除表示一般的停顿外，还有三个作用：第一，用在表示假设的分句后，如(9)(10)；第二，用来解释原因或说明情况，如(11)(12)；第三，同"吧"一样，也可以表示正反对举，(7)(8)也可以填"呢"。

（八）练习——用"啊、吧、吗、呢、嘛"填空

(1) 这是最新出版的汉英词典（　　）？

(2) 他什么时候去的（　　）？

(3) 别急，有话好好说（　　）！

(4) 你说怎么办？答应（　　），我真没时间去，不答应（　　），又说不出口。

(5) 你已经决定了（　　）？

(6) 你为什么没去（　　）？

(7) 今天的天气多好（　　）！

(8) 首都（　　），各方面的条件就是好。

(9) 听你的口音，是陕西人（　　）？

(10) 咱们今晚是在家吃（　　），还是出去吃（　　）？

(11) 他说不同意，实际上（　　），心里还是愿意帮助他的。

(12) 这不是他宿舍的钥匙（　　）？

(13) 飞机是晚上八点五分的（　　）？

(14) 中国（　　），最近十几年经济发展太快了！

(15) 你这不是欺负人（　　）！

4.3.2 了

我们在上一节讨论了动态助词了$_1$,这一节讨论语气助词了$_2$。

(一)"了$_2$"的基本意义和用法

了$_2$主要用在句尾,表示事态的变化和确定的语气。

1. 表示变化:

  (1) 树叶绿了,花儿红了,春天来了。

  (2) 弟弟现在很懂事了。   (以前很不懂事)

  (3) 经过服务员的介绍,这儿的情况我们都清楚了。 (以前不清楚)

2. 表示动作即将发生或将要有变化,常与"快、要、该"等配合使用:

  (4) 飞机快要起飞了。

  (5) 快下雨了,带上雨衣吧!

  (6) 该吃晚饭了,咱们去食堂吧!

3. 表示过分,有"太"的意思:

  (7) 这个菜淡了。

  (8) 票买多了,没有那么多人去。

  (9) 这件衣服你穿瘦了,不好看。

4. 表示催促或劝止。后边多跟有另一句话,并有另一个语气词"了":

  (10) 快点儿了,火车要开了。(后一个"了"表示即将发生:"要……了")

  (11) 别说了,大家都不爱听了。(后一个"了"表示变化)

  (12) 酒不要再喝了,脸都红了。(后一个"了"表示变化)

5. 表示程度高、时间长、数量大。句中常有程度副词或时间词、数量词配合使用:

  (13) 那儿的物价可高了!

  (14) 两个多月了,妈妈的病还没好。

  (15) 我问他三遍了,他也不回答。

  (16) 这个班二十多人了,不能再增加了。

6. 表示对结论有把握的肯定语气:

  (17) 这是我最后一次来这儿了。

  (18) 咱们就这么商量定了。

(二) 使用"了₂"要注意的问题

A. 判断正误：

1. (1) a. 这几天我特别忙。
       b. 这几天我特别忙了。

   (2) a. 老王的女儿非常漂亮,有许多小伙子追求她。
       b. 老王的女儿非常漂亮了,有许多小伙子追求她。

2. (3) a. 昨天你来找我的时候,我正在睡觉。
       b. 昨天你来找我的时候,我正在睡觉了。

   (4) a. 每年春节,许多人到这里来旅游。
       b. 每年春节,许多人到这里来旅游了。

3. (5) a. 你休息吧,我走。
       b. 你休息吧,我走了。

   (6) a. 北京的高楼比以前多,我差一点儿认不出来。
       b. 北京的高楼比以前多了,我差一点儿认不出来了。

4. (7) a. 我在北京住了三年。(动作已经结束,现在不住在北京)
       b. 我在北京住了三年了。(现在还住在北京)

   (8) a. 这本书我看了一星期。(书已经看完了)
       b. 这本书我看了一星期了。(书还没看完,还要继续看下去)

5. (9) a. 我们三年没见面。
       b. 我们三年没见面了。

   (10) a. 哥哥一个星期没回家。
        b. 哥哥一个星期没回家了。

6. (11) a. 我没同意跟你去。
        b. 我没同意跟你去了。

   (12) a. 他还没有给我打电话。
        b. 他还没有给我打电话了。

B. 说明：

1. "了₂"是表示变化的,如果不表示变化的意思,就不能用了₂。如例(1)a(2)a 是表示一种现存的情况或状态,所以不用"了",(1)b(2)b 用了"了",是错句。

2. 表示动作一直进行或经常性行为时也不能用"了",(3)a(4)a 是对的,(3)b(4)b 是错句。

3. 如果句子表达了变化的意思,就一定要用"了",如(5)b(6)b,否则就是错句,如(5)a(6)a。

4. 例(7)(8)中 a、b 句都对,但意思不一样,a 句强调动作已经结束、完成,不再继续进行了,其中的"了"是了$_1$,b 句则表示动作持续到现在,并且还要继续进行下去,前一个"了"是了$_1$,后一个"了"是了$_2$。

5. "表示时段的词语+没+动词+了$_2$"是一个固定格式,表示到说话时某种情况已经持续多久了,因此(9)a(10)a 不对,(9)b(10)b 才对。

6. 如果句中没有表示时段的词语,句尾就不能用"了",(11)(12)组句中,a 句都对,b 句不对。

(三)练习——改正下列病句,并说明理由
1. 我昨天晚上十二点才睡觉了。
2. 写一篇作文要很多时间了。
3. 现在已经是秋天,但是天气还不算冷了。
4. 他已经来,不用打电话。
5. 他昨天就骑走我的自行车,现在还没还给我了。
6. 这家商店服务员的态度很好了。
7. 回了日本以后,我要继续学汉语了。
8. 爬到长城最高的地方时,我觉得非常累了。

4.3.3 罢了

(一)罢了

用在陈述句句尾,有"仅此而已"的意思,常和"不过、只是"等呼应,有时有强调往小处说的意思。如:
(1) 我不打算买什么,不过随便走走、看看罢了。
(2) 他的病不要紧,只是有点儿咳嗽罢了。
(3) 有什么了不起的,不过当了个班长罢了,就这么骄傲!
(4) 这顿饭没花多少钱,五六十块钱罢了,让他请客吧。

(二)练习——选词填空

吧　呢　啊　嘛　了　的　罢了

(1) 我才不跟他一起走（　　）。

(2) 他要来就来（　　），咱们也管不了（　　）。

(3) 明天的会议很重要，千万别忘了（　　）！

(4) 快来看（　　），太阳出来（　　）。

(5) 别去外边吃饭（　　），就在家里随便吃点（　　）。

(6) 他不会不来（　　）。

(7) 他没病，不过是想星期天睡个懒觉（　　）。

(8) 别发脾气，有什么事慢慢说（　　）。

(9) 我妈妈包的饺子可好吃（　　）！

(10) 我是新来（　　），还没有报到（　　）。

练习二十一

一、选词填空

吗　吧　呢　啊　嘛

1. 都八点了，你还不走，你到底想不想上课（　　）？

2. 我们要去看晚场的电影，你去（　　）？

3. 看样子，你已经知道了这件事了（　　）？

4. 难道你不知道这件事（　　）？

5. 包饺子多麻烦（　　），吃点儿面条（　　）。

6. 要是明天下雨（　　），咱们就改天再去。

7. 你说我买不买这件衣服，买（　　），有点儿贵，不买（　　），又难得碰到这么好看的衣服。

8. 他很会做家务，买菜（　　）、做饭（　　）、收拾房间（　　），样样都行。

9. 现在在中国留学的外国人很多，比如我们学校（　　），就有五百多留学生。

10. 对这件事，你是同意（　　），还是反对？

11. 这么一点儿小事，何必去麻烦他（　　）？

12. 你们忙什么，等我一会儿（　　）。

二、改正病句

1. 我买了两张音乐会的票,咱们一起去看呢。
2. 他们两家的关系可好吧!
3. 医院里禁止吸烟吧!
4. 这么晚了,别去吧!
5. 情况我不是都说了呢,怎么还问吧?
6. 今天你要是不来嘛,我可不答应。
7. 一个人呆着,我觉得了很无聊了。
8. 上个星期,我到机场去四次,今天又去。
9. 看这个电影,你有什么感想,我认为不错了。
10. 这部小说他写两年,还没写完。
11. 你吃饭再走呢。
12. 他才学了一年中文了,这篇文章他未必看得懂。

三、在括号里填上合适的虚词

1. 西 湖

朋友,你来(　　)中国(　　)？你去(　　)杭州(　　)？如果你还没有去(　　)的话,赶快去(　　)!

杭州是一座风景美丽(　　)城市。有一句话说"上有天堂,下有苏杭",就是说,天上最好(　　)地方是天堂,地上最美丽(　　)地方是苏州、杭州。

杭州最著名(　　)风景是什么(　　)？是西湖。西湖是一个公园,大(　　)很,游一天都游不完。

关于西湖,还有一个美丽(　　)传说(　　)。

从前,天上有两个神仙(shénxiān),他们把一块石头做成(　　)一颗明珠。这颗明珠亮极(　　),它的光能照(　　)很远很远。不久,王母娘娘知道(　　)这件事,她让人偷走(　　)明珠。两个神仙去找王母娘娘要,可是王母娘娘不还给他们,她把明珠从天上扔到(　　)地上。明珠落到地上变成(　　)美丽(　　)西湖。

2. 不靠父母靠自己

李力多么想当一名大学生(　　)!(　　)她考(　　)两年(　　)都没考上。还要不要再考下去(　　)？父母(　　)她说,(　　)她自己愿意考,家里(　　)支持她。李力的父亲是经理,母亲(　　)有工作,她(　　)是独生女儿,

（　　）经济（　　）她完全不用担心。（　　）她认为,自己都二十多岁（　　），应该能够靠自己的劳动生活（　　），（　　）自己努力,（　　）工作（　　）学习,（　　）会有成就（　　）,（　　）她决定先找工作。

你同意她的看法（　　）? 你认为李力是应该继续考大学（　　）? 还是工作（　　）?（　　）你是李力,你怎么办（　　）?

附 录

1. 课堂练习参考答案

1.1.1 才 就

(二) 填空 (1)—(6)都填"就"。说明：填"就"。

(三) 填空 (1) 才　(2) 才　(3) 才、就　(4) 才、就　(5) 才　(6) 才
　　　　(7) 才　(8) 才、就

说明：填"才"

(四) 练习 (1) 就　(2) 才　(3) 才　(4) 就　(5) 才　(6) 就
　　　　(7) 才、就　　　(8) 才

1.1.2 已经 曾经

(一) 填空　(1) 曾经、过　(2) 已经、了　(3) 曾经、过　(4) 已经、了

(二) A (1) 曾经　(2) 已经　(3) 曾经　(4) 曾经　(5) 曾经
　　　(6) 已经　(7) 曾经　(8) 已经

　　 B (1) 曾经　(2) 曾经　(3) 已经　(4) 已经　(9) 已经
　　　 (10) 已经

(四) 练习

(1) 他曾经结过一次婚，但是现在已经离婚了。"曾经"后用"过"，"已经"后用"了"。另外"一次"的位置不对。

(2) 我姐姐已经快要大学毕业了。"曾经"不能用于将来。

(3) 十年前,这所大学就已经开始招收博士生了。是确定的事,已经完成,用

"已经",加"了"。

(4) 我没有去过外国。"曾经"的否定式用得不对。

(5) 我不曾学过外语。"曾经"的否定式用得不对。

(6) 我看你很面熟,我们好像曾经在哪儿见过面。应该用"曾经"。

(7) 我和我的同屋是好朋友,我们曾经在一起住过两年。正确,不改。

(8) 我已经在中国学习半年了,我还要学习半年。应该用"已经"。

1.1.3 马上 立刻 顿时

(一)填空 (1) 马上 (2) 立刻/马上 (3) 顿时/立刻/马上 (4) 马上

(二)比较 1. 马上 (1)—(6)句都填"马上"。

2. 立刻、马上 (1)—(5)句都填"立刻"。

3. 顿时、顿时 (1)—(4)句都填"顿时"。

(四)练习(1) 立刻/马上 (2) 马上 (3) 马上 (4) 顿时

(5) 顿时/立刻 (6) 立刻/马上 (7) 立刻/马上 (8) 马上

1.1.4 正 在 正在

(一)填空(1) 正 (2) 在/正在 (3) 在、在

(二)比较

A (1)(2) 正/在/正在 (3)(4)(5)(6) 正 (7)(8) 在

(9)(10) 正在

B (1) 在/正在 (2) 正/在/正在 (3) 在/正在

(4) 正/正在 (5) 在

(四)练习

(1) 在 (2) 正 (3) 正 (4) 在、在 (5) 正在 (6) 正在/正

(7) 正/在/正在 (8) 正/在/正在

1.2.1 都

(三)练习 (1) 全都 (2) 都是 (3) 都哪儿 (4) 都准备

(5) 都对谁 (6) 都把什么 (7) 把什么都 (8) 都喜欢

(9) 都告诉 (10) 都要 (11) 都听得见 (12) 都不听

(13) 都是

1.2.2 到处　处处

(一)填空 (1)到处/处处　(2)到处/处处　(3)到处/处处
　　　　(4)到处　(5)到处　(6)处处　(7)处处

(三)练习 (1)到处　(2)到处/处处　(3)处处　(4)到处　(5)处处

1.2.3 一概　一律　统统

(一)填空　(1)一概/一律/统统　(2)一律/统统　(3)统统
　　　　　(4)一律/统统

(四)练习　(1)一律/统统　(2)一概/一律/统统　(3)一概/一律/统统
　　　　　(4)一律/统统　(5)统统　(6)一概/一律/统统

1.3.1 很　挺　怪　太　非常　相当

(一)填空 (1)很/非常 (2)非常 (3)相当 (4)挺/怪 (5)太 (6)很/非常

1.3.2 极　极其　最　顶

(一)填空 (1)极/极其　(2)极　(3)极其　(4)极
　　　　(5)最　(6)最　(7)最/顶　(8)最/顶

1.3.3 比较　更　更加　格外

(一)填空　(1)比较　(2)更　(3)比较　(4)更、更
　　　　　(5)更加　(6)更加　(7)格外　(8)格外

(四)练习　(1)更　(2)比较　(3)格外　(4)比较　(5)更加
　　　　　(6)格外　(7)更　(8)更　(9)比较　(10)更

1.3.4 稍　稍微　略微

(三)练习

(1)"稍微有一点辣"或"稍微辣了一点儿"。
(2)"稍微复习一下"。(3)"稍微酸了一点儿"。
(4)"稍微商量一下"。(5)去掉"了"。

(6)"稍微有点儿不一样"。(7)"稍微方便一点儿了"。

1.4.1 还 再

(一)填空 (1)(2)(3)还 (4)(5)(6)再

(二)比较

1. (还)的基本语义是"持续",……(再)的基本语义是"重复"。
 (1)—(4)还 (5)—(7)再

2. (还)有时候也表示"重复",……(还)要出现在能愿动词前,(再)出现……
 (1)还 (2)再 (3)还、还 (4)还、再 (5)还 (6)再

3. (再)有时也表示"持续",和(还)的区别是:(还)侧重表示说话前主观上已有某种意愿,……(再)侧重表示由于客观需要,……
 (1)还 (2)再 (3)还 (4)再 (5)还 (6)再 (7)—(12)再

(四)练习
 (1)(2)还 (3)(4)再 (5)(6)还 (7)再 (8)还 (9)(10)再

1.4.2 再 又

(一)填空 (1)又 (2)再 (3)又 (4)再、又 (5)又

(二)比较

1. (再)的基本语义是"重复";(又)的基本语义"添加"。
 (1)再 (2)又 (3)又

2. (又)有时也表示重复,和(再)的区别是,(再)用于未然,(又)用于已然。
 (1)又 (2)再 (3)又 (4)再 (5)又
 (6)再 (7)又 (8)再 (9)又 (10)再

3. (又)还可以表示确定性的重复,……(再)还可以表示假设的重复,……
 (1)—(3)又 (4)(5)再

(四)练习 (1)再 (2)又 (3)又 (4)再 (5)(6)又 (7)—(9)再 (10)又

1.4.3 又 也

(二)填空 (1)也 (2)也/又 (3)(4)也 (5)又 (6)又/也

(三)练习 (1)又/也 (2)也 (3)也、也、也 (4)也/又
 (5)也、也 (6)又 (7)又 (8)—(10)也

1.4.4 常常　往往

(一) 填空 (1) 常常　(2) 往往/常常　(3) 常常　(4) 往往/常常

(二) 比较

1. (常常)单纯强调动作经常出现,……(往往)除了强调……

2. 用(往往)的句子需要指明与动作有关的条件、情况,而(常常)不需要。

(1) 常常　(2) 往往/常常　(3) 常常　(4) 往往/常常

(5) 常常　(6) 往往/常常　(7) 常常　(8) 往往/常常

3. (往往)是对已出现的事物的客观叙述和总结,……(常常)可用于主观意愿,可用于将来的事情。

(1)—(3) 常常　(4) 常常/往往

(四) 练习

(1) "往往"改"常常",没有规律。(2)(3) "往往"改"常常",理由同(1)。

(4)(5) 用"常常"也对,但是最好改为"往往",特别是在强调规律性的时候。

1.4.5 一再　再三　屡次　来回　反复

(一) 填空

(1) 一再/再三/反复　(2)—(4) 屡次　(5) 一再/再三

(6) 再三　(7)(8) 来回　(9) 反复、反复　(10) 反复

1.5.1 不　没(有)

(一) 填空 (1) 不、不　(2) 不、没　(3) 不　(4) 没　(5) 不/没　(6) 没

(二) 比较

2. B. (1)(2) 不　(3) 没　(4) 不/没

C. (1) 不　(2) 不　(3) 没　(4) 没

D. (1)(2) 不　(3) 不、不　(4) 没、没　(5) 不、不　(6) 没、没

E. (1)—(4) 不　(5) 没

(四) A. (1) 又没来　(2) 未必不是　(3) 从来没去过　(4) 根本不同意

B. (1) 不都/ 都不　(2) 不全/ 全不　(3) 不很/ 很不

(4) 不一定/ 一定不

C.(1) 没白来　(2) 不马上走　(3) 不亲眼看看　(4) 没一块儿走/不一块儿走

(五) 练习 (1)—(3) 不　(4) 没　(5) 没、不
(6)—(8) 没　(9) 不/没、不　(10) 不

1.5.2　未必　何必

(一) 填空　(1) 何必　(2) 未必　(3) 何必　(4) 未必
(5) 何必　(6) 未必

1.5.3　白　白白

(一) 填空　(1)(2) 白　(3) 白白　(4)—(6) 白　(7) 白白

1.5.4　大概　大约　恐怕

(一) 填空
(1) 大概/恐怕　(2) 大约　(3) 大约　(4) 大概　(5) 大约
(6) 大概　(7) 大约　(8)—(12) 恐怕

1.6.1　可　倒　偏(偏偏)

(四) 练习
(1) 偏/却　(2)(3) 可　(4) 倒/却　(5) 倒
(6) 可　(7) 倒　(8) 偏/却　(9) 倒/却

1.6.2　到底　究竟　毕竟

(五) 练习
(1) B 对　(2) A 对　(3) A 对　(4) B 对　(5) A 对
(6) B 对　(7) A 对

1.6.3　居然　竟然(竟)　果然

(四) 练习
(1) 居然　(2) 果然　(3) 居然　(4) 果然　(5) 居然　(6) 竟然

(7) 果然　(8) 居然　(9) 竟　(10) 竟然　(11) 居然/竟然
(12) 居然/竟然

1.6.4　幸亏　反正　简直

(一) 填空

(1) 幸亏　(2) 反正　(3)(4) 简直　(5) 反正　(6) 幸亏
(7) 简直　(8) 简直　(9) 幸亏　(10)(11) 简直
(12) 反正　(13) 幸亏　(14) 简直

(二) 2. 练习

(1) 幸亏你提醒我,我才没忘 / 否则我都忘了。
(2) 幸亏有你的帮忙,不然/否则/要不然我买不到火车票。
(3) 幸亏事先打了电话,不然/否则/要不然我找不到你的家。
(4) 他病得很严重,幸亏及时送到医院抢救,不然性命就危险了。
(5) 幸亏出发得早才赶上了火车。
(6) 幸亏穿了大衣,否则/不然这么冷的天一定会感冒。
(7) 幸亏带了护照,才住进了旅馆 / 否则住不进旅馆。
(8) 幸亏雨下得不大,大家才没被淋湿 / 否则大家都得淋湿了。

(三) 2. 练习

(1) 无论你用汉语说还是用英语说,反正我听不懂。
(2) 不管学英语还是学日语,反正都得花精力努力去学。
(3) 不管天气有多么好/ 怎么样/ 好还是不好,反正我都不去。
(4) 反正……,你就留下来陪陪我吧。
(5) ……,我可以替你寄信。
(6) ……,咱们多玩一会儿吧。

(四) 2. 练习

(1) 他画的画简直难看极/ 死了。/ 简直太难看了
(2) 那儿的交通简直方便极了。/ 简直太方便了
(3) ……,简直没空儿回家。
(4) ……,简直跟桂林的山水差不多。
(5) ……,简直是在欺骗顾客。
(6) 天气这么好,简直就像春天一样/ 简直就跟春天似的。
(7) ……,教室里简直快坐不下了。

(8) 我简直不敢相信……。

1.7.1 逐步 逐渐 渐渐

(二) 练习

(1)(2) 渐渐　　(3) 渐渐/逐渐　　(4) 渐渐　　(5) 逐渐　　(6) 渐渐
(7) 逐渐　　(8) 逐渐/渐渐　　(9) 渐渐　　(10)—(12) 逐步

1.7.2 亲自 亲手 亲笔 亲口 亲眼

(二) 练习

(1) 亲笔　(2) 亲手　(3) 亲眼　(4) 亲自　(5) 亲口　(6) 亲自
(7) 亲手　(8) 亲笔　(9) 亲手　(10) 亲口　(11) 亲眼　(12) 亲自
(13) 亲手　(14) 亲自

1.7.3 特地 特意 专程

(二) 练习

(1) 特地　　　(2) 特地/特意　　(3) 专程　　(4) 专程
(5) 特地/特意　(6) 特地　　　　(7) 专程　　(8) 特地

1.7.4 不禁

(二) 练习

(1) ……,他不禁大吃一惊。　　(2) ……,观众们不禁鼓起掌来。
(3) ……,妈妈不禁高兴起来。　　(4) ……,我不禁笑了起来。
(5) ……,他不禁大哭起来。

2.1.1 从 自 自从

(五) 练习

(1) 从　(2) 从/自　(3) 自　(4) 自从　(5) 自/从
(6) 自/从　(7) 从　(8) 自从　(9) 自/从/自从

2.1.2 在 于

(四) 练习

1. (1) 在　　(2) 于　　　(3) 于/在　　(4) 在　　(5) 于
   (6) 于　　(7) 于/在　(8) 于　　　(9) 于　　(10) 在
2. (1) 在、中　(2) 在、上　　(3) 在、中　　(4) 在、下

2.1.3　由　打　当　离　距

（五）练习

(1) 离　　(2) 距　　(3) 由/打　(4) 当、由　(5) 当　　(6) 由

(7) 当　　(8) 离/距　(9) 打/由　(10) 离　　(11) 由　(12) 由

2.1.4　朝　向　往

（一）填空　(1) 向　(2) 往　(3) 朝　(4) 朝/向　(5) 朝/向/往

（二）1. A. (1)—(3) 朝/向/往　(4)—(6) 朝/向　(7)(8) 朝/向

　　　　B. (9)—(11) 向　　　(12)—(14) 往

2. (15)—(17) 朝/向　(18)—(21) 向　(22)(23) 朝

3. (24)—(26) 朝/向

（四）练习

(1) 朝/向　(2) 朝/向/往、朝/向/往　(3) 向　(4) 向/往

(5) 向　　(6) 往　　　　(7) 朝/向　(8) 向　(9) 朝/向/往

(10) 朝/向　(11) 朝/向　(12) 朝/向

2.2.1　跟　和　同　与

（一）填空 (1)—(6) 都可以用"和"，但根据语境，用以下各词更贴切：

(1) 跟　(2) 同　(3) 跟　(4) 与　(5) 与　(6) 跟

（三）练习

(1) 跟　(2) 同　(3) 跟　(4) 与

(5) 和　(6) 与　(7) 同　(8) 和

2.2.2　把　将

（三）练习

(1) 我们已经知道那儿的情况了。不能用"把"。

(2) ……，我没把……。否定词"没"出现在"把"前。

(3) ……，整理整理。或者"整理一下"。动词不能是简单的。

(4) ……，怎么能听懂上海人说的话。不能用"把"。

(5) ……，请把那本字典……。名词应该是确定的,不用"一本"。

(6) 老师对所有的同学都很关心。"把"改为"对",后加"都"。

(7) ……，还一起跳了舞。不能用"把"。

(8) ……不把这篇文章写完不睡觉。"不"应该放在"把"前。

(9) 你应该把这个消息先告诉我。"应该"放在"把"前。

(10) 我们要把松树种在山坡上。或者:我们要让松树长在山坡上。词语搭配不当。

2.2.3 被 叫 让

(三) 练习

(1) 照相机被小偷给偷了。"偷"与"所"不搭配。

(2) ……一直不被厂长所重视。"不"的位置错了,后可加"所"。

(3) 这部小说被……。名词应该是确定的。

(4) 小李被派往西藏工作。应该用"被"。

(5) 桌子上的菜都被他吃光了。"都"应该在"被"前,动词不能是简单的。

(6) 去掉"被"。不需要用"被"。

(7) 这家旅馆所有的房间……。名词应该是确定的,后有"都",把"有的"改为"所有的"。

2.2.4 对 对于

(一) 填空 (1) 对/对于　(2) 对　(3) 对/对于　(4) 对

(二) 比较

A. (1)(2) 对/对于　(3)(4) 对　(5)(6) 对

B. (7)—(10) 对/对于　(11)—(14) 对　(15)(16) 对/对于
(17) 对　(18) 对/对于　(19) 对　(20) 对/对于　(21)(22) 对/对于

(四) 练习

(1) 对　(2) 对/对于　(3) 对/对于　(4) 对　(5)—(7) 对/对于
(8) 对

2.2.5 对于 关于

（一）填空 (1) 关于　(2) 关于/对于　(3) 对于　(4) 对于　(5) 关于

（三）比较

A. (1) 关于　(2) 对于　(3) 关于　(4) 对于

B. (5) 关于/对于　(6) 对于　(7) 关于　(8)(9) 对于

(10)—(14) 关于/对于　(15) 关于　(16) 对于

(17) 关于　(18) 对于

（四）练习

(1) 对于　(2) 关于　(3) 对于　(4) 关于　(5)(6) 关于/对于

2.2.6 给 为 替

（一）填空 (1) 给/为/替　(2) 给/为/替

(3) 为　(4) 替/为　(5) 给

（六）练习 (1) 替　(2) 为　(3) 替　(4) 替/为

(5) 给　(6) 替/给/为　(7) 给　(8) 给

2.2.7 比

（三）练习

(1) 爸爸的身体比妈妈棒多了。

(2) 小王比小张早到教室5分钟。

(3) 他比我矮1厘米。／我比他高1厘米。

(4) 他爱人比他矮得多。／他比他爱人高得多。

(5) 今天比昨天冷多了。／昨天比今天暖和得多。

(6) 进口电视机比国产电视机和合资生产的电视机都贵。

(7) 他说汉语比我流利多了。／他说汉语比我说得流利多了。

(8) 我今天比昨天多穿了一件毛衣。

2.2.8 就 连 除 除了

（五）练习

(1) 连　(2) 就　(3) 除　(4) 连　(5) 连

(6) 就　(7) 除/除了　(8) 连　(9) 除了　(10) 就

2.3.1　按　按照

(一) 填空 (1) 按/按照　(2) 按/按照　(3) 按　(4) 按

(二) 比较

1. (1) 按　(2) 按照/按　(3) 按　(4) 按照/按　(5) 按　(6) 按
(7) 按　(8) 按

2. (9) 按/按照　(10) 按/按照

3. (11) 按　(12) 按/按照

2.3.2　依　依照

(一) 填空

1. (1) 依　(2) 依照　(3) 依　(4) 依照　(5) 依照、依照　(6) 依

2. (7)(8) 依

2.3.3　据　根据

(一) 填空　(1) 据/根据　(2) 据　(3) 根据　(4) 据

(二) 比较

1. (1) 据　(2) 根据　(3)—(5) 据/根据　(6)(7) 根据

2. (8)(9) 根据/据

3. (10)(11) 据

4. (12)(13) 据

2.3.4　按(按照)　依(依照)　照

(一) 填空 (1) 依照　(2) 按照　(3) 依照　(4) 按照

(二) 填空

(1)—(4) 按/照　(5)(6) 按　(7)(8) 按/照　(9)(10) 照

(四) 练习

1. (1) 按/照　(2) 根据　(3) 依　(4) 按/按照
(5) 据　(6) 根据/据　(7) 按照　(8) 依照　(9) 按、按

2. (1) 根据/按照　(2) 按照/根据　(3) 据　(4) 依/照

(5)依/据/照　(6)据　(7)在　(8)在　(9)依/照/据

2.3.5　以　凭　拿

(四)练习(1)凭　(2)拿　(3)以　(4)以
　　　　(5)凭　(6)以　(7)拿　(8)凭

2.3.7　以为　由　由于

(二)填空(1)由于　(2)趁　(3)由于　(4)趁　(5)趁

3.1.1　和　跟　同　与

(一)填空(1)和(2)跟(3)与(4)同/与
　　　　(5)和(6)与(7)跟(8)同/和/与

3.1.2　及　以及

(一)填空(1)(2)及　(3)(4)以及/及　(5)(6)以及　(7)及/以及
　　　　(8)以及/及　(9)(10)以及　(11)(12)及
(三)练习(1)及/以及　　(2)及　　　　(3)以及
　　　　(4)及/以及　(5)及/以及　(6)以及

3.1.3　既　又　也

(四)填空
　　(1)(2)也　(3)(4)又　(5)又、又　(6)也、也
　　(7)也/既、也/又　(8)又/既、又　(9)又　(10)也

3.1.8　不是……就是……　不是……而是……

(四)练习
　　(1)不是、就是　(2)不是、而是　(3)不是、就是　(4)不是、而是
　　(5)不是、而是　(6)不是、就是

3.2.1 于是 那 那么

(三) 练习 (1) 那/那么 (2) 于是 (3) 于是 (4) 那/那么
(5) 那/那么 (6) 于是

3.2.4 何况 况且

(四) 练习 (1)(2) 何况/况且 (3)(4) 何况 (5) 何况/况且
(6) 何况 (7) 何况/况且 (8) 何况

3.2.5 甚至 以至

(四) 练习 (1) 甚至 (2) 以至 (3) 甚至 (4) 以至
(5) 甚至 (6) 以至 (7) 甚至 (8) 甚至/以至

3.3.1 因为 由于

(二) 比较 (1) 因为/由于 (2) 由于 (3) 因为/由于 (4) 由于
(5) 因为 (6) 因为 (7) 由于 (8) 由于

3.3.2 既然 既

(二) 填空 (1)(2) 既然 (3) 既/既然 (4)(5) 既然 (6) 既 (7) 既然

3.3.4 以致

(二) 比较 (1)(2) 以至 (3)—(5) 以至 (6)(7) 以致 (8)(9) 以至/以致

3.3.6 不管 无论 不论

(一) 填空
A. (1) 都 (2) 都/也 (3) 反正 (4) 总之 (5)(6) 一直/始终/都
B. (7) 谁 (8) 什么 (9) 哪儿 (10) 怎么 (11) 多
(12)(13) 不 (14)(15) 还是/或者

(三) 练习
(1) ……,我都愿意……。加"都"。 (2) ……,他都穿……。加"都"。

(3) ……,我都看。加"都"。　　　　(4) ……,都有好处。加"都"。

(5) 无论你说得多好听,……。"无论"后的成分不对。

(6) 无论日语怎么难学/多么难学,……。"无论"后的成分不对。

(7) 不管他病成什么样,……。"不管"后的成分不对。

(8) 无论这个地方有多远,……。"无论"后的成分不对。

3.3.7　只要　只有

(四)练习

(1) ……,只要你需要,他就帮助你。逻辑错误。

(2) ……,只有大心脏手术他才做。逻辑错误。

(3) 只要你愿意,就……。逻辑和搭配错误。

(4) 只有努力,你才能……。/ 只要努力,你就能……。搭配错误。

(5) 只有……,才能……。"只有"后要有"才"搭配。

(6) 我们只要……,他就会马上来。"只要"后要有"就"搭配。

(7) 你们都要参加考试,只要……。"只要"用在后一分句,前一分句不能用"就"。

3.4.3　虽然　尽管

(二)尽管　不管

A. 填空

(1)尽管　(2)(3)不管　(4)尽管　(5)不管　(6)(7)尽管　(8)不管

C. 练习

(1) 不管你说得多么有道理,……。应该用"不管"。

(2) 尽管你说得这么有道理,……。应该用"尽管"。

(3) 不管条件多么不好,……。应该用"不管"。

(4) ……,不管有多大困难,我们都要坚持下去。"不管"后成分不对,后要用"都"搭配。

(5) 不管……,我都要去。"不管"后要用"都"搭配。

(6) 我们不管做任何工作,……。应该用"不管"。

(三)虽然　虽

A. 填空　(1)(2)虽然　(3)—(5)虽　(6)(7)虽然

3.4.4 即使 就是 哪怕

(三) 即使 虽然

A. (1) 即使 (2) 虽然 (3) 即使 (4) 虽然 (5) 即使 (6) 虽然

C. 练习 (1) 虽然 (2) 即使 (3) 即使 (4) 虽然

3.5.3 省得 免得 以免

(二) 以免

　　A. 填空 (1)—(4) 省得 (5)(6) 以免

3.5.4 以 以便

(三) 以便 以免

　　A. 填空 (1) 以便 (2) 以免 (3) 以免 (4) 以便

3.6.4 可以在主语前后自由出现的关联词语

(一) 填空 (1)—(4) 即使 (5)(6) 虽然/尽管 (7)(8) 如果/要是

3.6.5 主语不同时出现在主语前,主语相同时出现在主语后的关联词语

(四) 练习

(1) 不但我没见过,他也没见过。前后分句主语不同,"不但"出现在主语前。

(2) 我不但没见过,……。前后分句主语相同,"不但"出现在主语后。

(3) ……,我也猜得出来。"也"只能出现在主语后。

(4)(5)(6) 这三句都对。

(7) ……,王经理却不赞成这个意见。"却"要出现在主语后。

助词概述

(一) A 填空

(1) 的 (2) 地 (3) 得 (4) 所 (5) 给 (6) 了 (7) 着

(8)过 (9)来着 (10)呢 (11)啊 (12)吧 (13)吗 (14)呢
(15)嘛 (16)了 (17)罢了

4.1.1 的

(二)填空 (1)—(3)的 (4)(5)的 (6)美丽的公园 (7)诚实的人
(8)(9)不加"的" (10)(11)的 (12)(13)不加"的" (14)不用"的"
(15)的、的 (16)不用"的" (17)的、的 (18)—(21)"的"字可用可不用
(三)练习

1. (1)"漂亮"后"的",双音节形容词后加"的"。
   (2)不用"的",单音节形容词后不用"的"。
   (3)加"的","讲课"是动词性成分,后加"的"。
   (4)不用"的","网球运动员"表示职业,不用"的"。
   (5)不用"的","玻璃茶杯"表示性质,不用"的"。

2. (1)中国同学常常听不懂我们说的话。
   (2)他是我的老朋友。
   (3)我的新同屋是日本人。
   (4)我们学校的名字是北京大学。
   (5)我们班的同学都喜欢喝酒。
   (6)我觉得老师说话像父母一样。
   (7)你们自己的意见是什么?
   (8)看到了他们难过的脸,我也觉得很难过。
   (9)故宫是过去皇帝住的地方。
   (10)中国要加强同世界各国人民的友谊。
   (11)天太冷的时候,我容易感冒。
   (12)我也要买你那样的自行车。

4.1.2 地

(二)填空 (1)(2)加"地" (3)(4)用不用"地"自由 (5)(6)不用"地"
(7)(8)用不用"地"自由 (9)—(12)加"地"
(13)用不用"地"自由 (14)不用"地" (15)(16)加"地"
(三)练习

(1) 不用"地","早"、"晚"是单音节形容词,后不用"地"。

(2) 用不用"地"自由,"暗暗"是副词。

(3) 用"地",双音节形容词＋单音节形容词要用"地"。

(4) 用"地",固定格式后要用"地"。

(5) 不用"地",副词"根本"后不用"地"。

(6) 不用"地",副词"不断"后不用"地"。

(7) 用不用"地"都可以,"大大方方"是形容词重叠式。

(8) 用不用"地"都可以,"好好"是形容词重叠式。

(9) 不用"地","轻"是单音节形容词,后不用"地"。

4.1.3 得

(三) 练习

(1) 这个字你读得不正确。

(2) 昨天我没能买到今天的电影票。

(3) 他们说英语都说得很流利。／英语他们都说得很流利。

(4) 我一小时能做得完这些练习。／一小时内,我能把这些练习做完。

(5) 这个音你怎么总发不对？／这个音你发得不对。

(6) 刚来中国时,老师讲话我不能都听懂。

(7) 这几个字很难写,我记了几次才记住。

(8) 他汉语说得很标准,谁都听不出来他是日本人。

(9) 他唱英语歌比我唱得好多了。

4.2.1 了

(三) 练习

1. (1) "到"后加"了",表示动作完成。

(2) "感觉"后的"了"去掉,"感觉"是心理活动动词。

(3) 去掉"了",句中有"一直",表示的是经常性行为。

(4) 两个"参观"后都加"了",表示的是过去完成的行为。

(5) 去掉"了","盼望"是心理活动动词。

(6) "明确"后加"了",表示动作完成或实现。

(7) 去掉"了",否定句中不用"了"。

(8) 去掉"了","应该"是能愿动词,后不用"了"。

(9) 去掉"离开"后的"了","……以前"格式中不用"了"。

(10) 去掉"到"后的"了","……的时候"格式中不用"了"。

(11) 正确的句子是"这本书我看了三天了,还没看完。"

(12) 去掉"去"后的"了","是……的"格式中不能用"了"。

2. (1) 他穿上(了)外衣。

(2) 大家都用毛笔签(了)名。

(3) 服务员把信放在(了)信箱里。

(4) 刚才我去自由市场买(了)一些水果。

(5) 他要写完(了)信去吃饭。

(6) 昨天外语学院的同学来我们学校参加(了)网球赛。

(7) 每个人都爬到(了)山顶。

(8) 他每天洗(了)澡才睡觉。

(9) 这几位老人住在(了)一所公寓里。

4.2.2 着

(三) 练习

(1) 他们热烈地讨论着这个问题。　　(2) 我现在发着烧,……。

(3) ……,穿着衣服就睡着了。　　(4) 孩子们跳着蹦着走进教室。

(5) ……,他正在给学生们讲着课呢。

(6) 桌子上放着一盏台灯,……。

(7) 教室后边的墙上挂着一张世界地图。

(8) 妈妈流着眼泪答应了他的要求。

(9) 孩子哭着叫妈妈。

(10) ……,爸爸笑着对我点了点头。

4.2.3 过

(二) 辨别正误

1. (1) b 对　　(2) b 对

2. (3) b 对　　(4) b 对

3. (5) a、b、c 都对　　(6) a、b、c 都对

4.3.1 啊 吧 吗 呢 嘛

(六) 练习 (1) 嘛 (2) 呢 (3) 吧 (4) 嘛 (5) 啊
(6) 吗 (7) 吧 (8) 嘛 (9) 呢 (10) 啊

(七) Ⅰ 填空
(1)(2) 吗 (3)(4) 吧 (5)(6) 吗/吧 (7)—(10) 呢
(11)(12) 呢 (13) 呢、呢 (14) 呢 (15) 吗 (16)(17) 呢

Ⅱ 填空
(1)(2) 啊 (3) 啊、啊、啊 (4) 啊、啊、啊、啊
(5)(6) 吧 (7)(8) 吧/呢、吧/呢 (9)—(12) 呢

(八) 练习
(1) 吗/吧 (2) 呢 (3) 嘛 (4) 吧/呢、吧/呢 (5) 吗
(6) 呢 (7) 啊 (8) 嘛 (9) 吧 (10) 呢、呢
(11) 呢 (12) 吗 (13) 吧 (14) 啊 (15) 嘛

4.3.2 了

(二) 判断正误 (1)(2) a 对 (3)(4) a 对 (5)(6) b 对
(7)(8) a、b 都对 (9)(10) b 对 (11)(12) a 对

(三) 练习

(1) 去掉"了",句中有"才",不用"了"。

(2) 去掉"了",本句是客观叙述,不表示变化,不用"了"。

(3) "秋天"后加"了",表示变化;句尾"了"去掉,无变化意,只是客观叙述。

(4) "他已经来了,不用打电话了。"加两个"了",前一个"了"表示变化,后一个"了"表示确定的语气。

(5) "他昨天就骑走了我的自行车,现在还没还给我。""走"后加"了"表示动作的完成,句尾"了"去掉,是否定句。

(6) 去掉"了",表示一种现存的情况,不用"了";或者改为"可好了"。

(7) 去掉两个"了","……以后"格式中不用"了","继续……"表示动作一直进行,不能用"了"。

(8) 去掉句尾"了",本句是客观状态的叙述,不能用"了"。

4.3.3 罢了

(二)练习 (1)呢　(2)吧、的　(3)啊　(4)啊、了　(5)了、吧

(6)的　(7)罢了　(8)嘛　(9)呢/了　(10)的、呢

2. 课后练习参考答案

练习一

二、1. 就　2. 正好　3. 都　4. 已经　5. 也

6. 才　7. 大约　8. 一共　9. 顶多　10. 的确

三、改正病句：

1. "才"在"我们"后。　　2. "也"在"我"后。
3. "都"在"我的中国朋友"后。　4. "刚"在"他"后"打扫"前。
5. "一共"在"这些书"后。　　6. "再"在"别"后。
7. "就"在"星期六"前。　　8. "先"在"你"后，"再"在"我们"后。

练习二

一、1. (1)赶紧/赶快　(2)赶忙/连忙　(3)赶忙/连忙　(4)赶紧/赶快

2. (1)将　(2)即将　(3)快/快要　(4)将要　(5)将/将要　(6)快

3. (1)一直/始终　(2)老(是)/总(是)　(3)一直　(4)偶尔　(5)随时
(6)一直/始终　(7)随时/偶尔　(8)老(是)/总(是)　(9)偶尔

4. (1)终于　(2)早晚　(3)永远　(4)仍然　(5)仍　(6)还/还是　(7)
还是　(8)还、还　(9)仍然　(10)早晚

二、1. 正在、刚、老、常常、已经

2. 一向、就、立刻、才、一直、从来、偶尔

3. 始终/从来、一直、仍然/还、终于

4. 已经、将、马上、正、曾经、早

练习三

一、1.（1）只 （2）净 （3）只 （4）光/只 （5）只/净 （6）光 （7）净/光
  2.（1）仅/仅仅 （2）惟独 （3）惟独 （4）仅仅 （5）仅 （6）惟独 （7）仅

二、（1）光 （2）净 （3）仅仅 （4）光 （5）一起/一道 （6）一齐 （7）全
  （8）到处 （9）惟独 （10）只 （11）只/单/光 （12）仅 （13）都/净/全
  （14）全/统统 （15）都 （16）只/仅 （17）只/净/光 （18）一概
  （19）都/统统 （20）处处 （21）到处 （22）共

练习四

三、1.很/非常/特别 2.极 3.更 4.稍微 5.很/非常/特别 6.稍微
  7.更 8.极其 9.格外、格外 10.更加 11.最 12.太

练习五

一、1.（1）再 （2）又 （3）也 （4）也 （5）还 （6）还、还 （7）又 （8）又 （9）还 （10）再
  2.（1）经常 （2）常 （3）常常 （4）往往/常常 （5）常 （6）经常
  （7）常常/经常 （8）往往/常常
  3.（1）再三 （2）反复 （3）屡次 （4）来回 （5）一再/再三
  （6）反复 （7）来回 （8）屡次

二、（1）重新 （2）往往 （3）一再 （4）重 （5）来回 （6）还、再
  （7）反复 （8）又、还 （9）再、也 （10）又 （11）再、也 （12）还

三、1.又、重新、将、再、光、也 2.仅仅、还、常常 3.只、还、在、都、已经、大概、一起、一再 4.一直、一直、才、只、也

练习六

一、1.不、不 2.没、没 3.不、没 4.没、不 5.不、不 6.没、不 7.不、没、不 8.没、不

二、1.大约、又 2.恐怕、再 3.不、白 4.别、不、不 5.已经、不 6.别、就
  7.已经、一定 8.未必、何必

三、不、常常/经常、不、又、没、又、很/非常/十分、就、一定、不、再、不、再、再、也、

很/非常/十分、再、也、不

练习七

一、1. (1) 究竟/到底　(2) 难道　(3) 毕竟/到底　(4) 毕竟　(5) 难道　(6) 到底/究竟

2. (1) 反正　(2) 简直　(3) 幸亏　(4) 简直　(5) 反正　(6) 简直　(7) 居然、简直

3. (1) 几乎　(2) 倒　(3) 偏偏　(4) 差点儿　(5) 倒　(6) 偏偏　(7) 倒　(8) 差点儿

二、1. 都、可　2. 刚、居然　3. 没、竟然　4. 果然、就　5. 幸亏、才　6. 不、却　7. 不、偏　8. 偏、都　9. 不、却

练习八

一、1. 不禁　2. 特意　3. 亲手　4. 终于、逐渐　5. 逐步　6. 亲自　7. 专程　8. 亲眼

二、1. "一共"在"我们"后。　　　　2. "都"在"同学们"后,句尾加"了"。

3. "一概"改为"一律"。　　　　4. "都"在"你"后。

5. 去掉"了"。　　　　　　　　6. "不"改为"没"。

7. 改为"……,恐怕及格不了了"。　8. "恐怕"改为"大约"。

9. "一定"改为"真是"。　　　　10. "正在"改为"在不断"。

三、1. 最、很、几乎、都、常常、一齐、都、一起、还、已经、一直。

2. 最、不、比较、还、就、比较、还、常常、往往、就、不/就、不、再。

3. 又、也、还、再、又、还、也、还、再、再、还。

练习九

一、1. 在宿舍看电视、从大桥上开过去、由外边进来

2. 沿小路散步、跟你差不多、打哪儿来、往窗外望了一眼

3. 对姐姐摆摆手、把酒喝光了、被坏人打了、比我漂亮

二、1. 沿、往　2. 同　3. 比　4. 据　5. 在　6. 由　7. 照　8. 自从　9. 自　10. 把　11. 趁　12. 连　13. 凭　14. 以　15. 为　16. 给　17. 对　18. 于

练习十

一、1.(1)打 (2)自 (3)当 (4)由 (5)打/从 (6)离 (7)自从 (8)自 (9)离 (10)由

2.(1)于 (2)于 (3)向 (4)在 (5)于 (6)往 (7)于 (8)于 (9)朝 (10)朝/向

3.(1)在……中 (2)在……看来 (3)在……上 (4)在……看来、在……看来 (5)在……下 (6)在……中 (7)在……下 (8)在……上

二、1.以前/之前 2.里 3.内 4.以内 5.之前/以前 6.以外 7.之间 8.外 9.以后 10.以下、以上

练习十一

二、1.(1)对 (2)往 (3)给 (4)朝/向/往 (5)向

2.(1)为/替 (2)跟/给 (3)就 (4)比 (5)为 (6)跟

3.(1)被 (2)让 (3)将 (4)把 (5)叫/被 (6)给

三、(1)与 (2)就 (3)关于 (4)对 (5)对于 (6)被 (7)和 (8)替 (9)为 (10)让 (11)给 (12)向 (13)比 (14)朝 (15)把

四、1.后半句为："还去过许多其他亚洲国家"。

2.后半句为："北京的公园我都去过"。

3.后半句为："大家都上课"。

4.后半句为："我还看过别的书"。

5.改为："今天除两人外,别人都去看电影"。

6.改为："中国除北京外,还有几个直辖市?"

7.把"除"改为"除了"。

练习十二

一、1.(1)按照 (2)依照 (3)按照

2.(1)按照 (2)按照 (3)根据

3.(1)依 (2)据 (3)按 (4)照

4.(1)以 (2)凭 (3)凭 (4)以

5．(1)凭　(2)由　(3)由　(4)凭
6．(1)拿　(2)拿　(3)凭　(4)凭
7．(1)为　(2)为　(3)由　(4)为　(5)由于　(6)由于　(7)为

二、1．凭　2．以　3．依照　4．为　5．按　6．由　7．依　8．按照　9．据　10．根据　11．拿　12．趁　13．照　14．由于、由于

三、1．从、就、从、很、由于、在、向、对、离、沿/顺、朝/向/往、就、按照、就。
2．对、很、在、把、都、为、趁、在、很、很、却、在、继续、就、在、一直。

练习十三

二、1．也　并列关系　　　　　2．不但……也　递进关系
3．先……然后　承接关系　　4．既然……就　因果关系
5．即使……也　让步关系　　6．不过　转折关系
7．不是……而是　并列关系　8．与其……不如　选择关系
9．如果　假设关系　　　　　10．要么……要么　选择关系
11．何况　递进关系　　　　 12．不管……都　条件关系
13．虽然……可是　让步转折关系　14．之所以……是因为　因果关系
15．又……，又……　并列关系　　16．宁可……也要　选择关系

三、1．就　2．也　3．都　4．才　5．就　6．却　7．还　8．又　9．也
10．还　11．就　12．也

练习十四

二、1．或者、或者、或者　2．一边、一边　3．不是、就是　4．宁可、也　5．既、又　6．要么　7．以及　8．与其、不如

三、1．(1)也、也　(2)一边、一边　(3)既、又　(4)又、又
2．(1)还是　(2)或者　(3)或者、或者　(4)还是
3．(1)宁可、也不　(2)与其、不如　(3)与其、不如　(4)宁可、也要

练习十五

二、1．(1)不但、反而　(2)不但、而且　(3)不但、更　(4)不但、就是、也
(5)不仅、反倒　(6)不仅、也
2．(1)何况/况且　(2)何况　(3)何况　(4)何况/况且

三、1. 以至　2. 那　3. 甚至　4. 何况/况且　5. 于是　6. 不但、而且
　　7. 不仅、而且/反而　8. 何况

练习十六

二、1.（1）因为　（2）由于　（3）因为　（4）由于
　　2.（1）因为、所以　（2）既然、那　（3）因为、才　（4）既然、就
　　3.（1）以至　（2）以致
三、1. 只要、就　2. 除非、否则　3. 不管、都　4. 只有、才　5. 除非、才
　　6. 无论、反正　7. 不管、总　8. 要、除非

练习十七

一、1. 即使　2. 却　3. 然而、却　4. 但　5. 可是　6. 固然　7. 尽管/虽然
　　8. 虽然/尽管　9. 尚且　10. 哪怕　11. 只是
二、1. 可是、却　2. 但　3. 却　4. 但　5. 却　6. 但是　7. 还是　8. 也
　　9. 仍然　10. 但
三、1. 尽管、可是　2. 哪怕　3. 不管、都　4. 即使、也　5. 即使　6. 虽然、
　　但　7. 虽然、但　8. 尽管、但　9. 不管、都　10. 即使、也

练习十八

一、1. 否则　2. 如果　3. 要不是　4. 免得　5. 以便　6. 要是　7. 要不
　　8. 不然　9. 省得　10. 假若　11. 以
二、1."他"后　2."他"前　3."人"后　4."人"后　5."我"后　6."他"后
　　7."你"前　8."他"前或"他"后　9."我"前　10."身体"后　11."我
　　们"后
三、1. 不但、反而　2. 既、又　3. 尽管、可是　4. 无论、都　5. 只有、才　6.
　　只要、就　7. 要么、要么　8. 除非、否则　9. 由于、因此　10. 即使、也
　　11. 不仅、而且　12. 不是、就是　13. 如果、就　14. 与其、不如　15. 一
　　边、一边　16. 既然、就　17. 是、还是　18. 宁可、也要　19. 因为、才
　　20. 不是、而是
四、如果、那么、如果、那么、和、因为、那么、因为、那么、既、又、而且、但、因为、和、
　　都、但、因为、那么。

练习十九

一、1. 2. 3，"的"字都填在后一个括号中。

4，"的"字填在后两个括号中。

5，正确，不需要填"的"字。

6，"的"字填在中间的括号中（"叠"字后）。

7、8，"的"字都填在前一个括号中。

二、1. "屋子"前加"的"。　　2. "讲"后加"的"。

3. "说"后加"的"。　　4. "去"后加"的"。

5. "的"字移至"说"后。

6. 应改为：参观了/完圆明园以后，我们又去了颐和园。

7. 去掉前三个"的"字。

8. "仔细"后加"地"，"近来"后加"的"。

9. "流利"后加"地"。

10. "目不转睛"后加"地"。

11. "不"移至"得"后，或者为"……，我听不清楚"。

三、1. 的　2. 得　3. 地　4. 的、的、得　5. 所、的　6. 的、的、地　7. 的、得　8. 的、所　9. 的、得、的、的　10. 的、给　11. 的、地、的　12. 所

练习二十

一、1. "听"后和"出"后加"了"。　　2. "得"、"住"、"恢复"后都加"了"。

3. "住"和"毕业"后都加"了"。　　4. 句尾加"了"。

5. 句尾加"了"。　　6. 正确答案是"看了看"、"听了听"。

7. "寄"后加"了"。　　8. "在"后加"了"。

二、1. 我的同屋告诉了我这个消息。

2. 他们在美国举行了婚礼。

3. 我在老家度过了这个暑假。

4. 妈妈坐轮船来到了中国。

5. 昨天，老王给你打了电话。

6. 我在飞机场遇见了老同学。

7. 下午三点十分，火车到站了。

8. 他晚上十二点多才回到了宿舍。

三、1. 过、了　2. 着、着　3. 过、过　4. 了、过　5. 着/了、了　6. 着
　　7. 来着　8. 过　9. 着、呢　10. 过　11. 呢　12. 了、过

四、1. B 对　2. A 对　3. B 对　4. B 对　5. B 对　6. B 对

五、1. "去"后加"了"。　　　　　2. "吃"后加"了/过/完"。
　　3. 去掉"了"。　　　　　　4. 去掉两个"了"。
　　5. 去掉两个"了"。　　　　6. 改为"教过半年书"。
　　7. 改为：他感冒了,从中午12点到现在一直睡觉。
　　8. "走"后加"了",去掉"还"后的"了"。
　　9. "生病过"改为"生过病"。
　　10. "见面过"改为"见过面","早"后加"就"。
　　11. 去掉"过"。　　　　　12. "开"后加"着"。
　　13. 去掉"着"。　　　　　14. "着"改为"得"。

练习二十一

一、1. 呢　2. 吗　3. 吧　4. 吗　5. 啊、吧　6. 呢　7. 吧、吧　8. 啊、啊、啊　9. 吧　10. 呢　11. 呢　12. 吧/嘛

二、1. "呢"改为"吧"。　　　　2. "吧"改为"呢"。
　　3. 去掉"吧"。　　　　　　4. "去"后加"了"。
　　5. "呢"改为"嘛"。　　　　6. "嘛"改为"呢"。
　　7. 去掉两个"了"。　　　　8. 两个"去"后都加"了"。
　　9. "看"后加"了",去掉句尾"了"。
　　10. "写"后"两年"后都加"了"。
　　11. "吃"后加"了/过","呢"改为"吧"。
　　12. 去掉"中文"后的"了"。

三、1. 过、吗、过、吗、过、吧、的、的、的、的、呢、得、的、呢、了、了、得、了、了、了、了、的。
　　2. 啊、但、了、了、呢、对、只要、就、也、又、在、上、但、了、了、只要、无论、还是、都、的、于是、吗、呢、呢、如果、呢。

主要参考文献

专著、辞书

北京大学中文系 1955、1957 级语言班　1986《现代汉语虚词例释》，商务印书馆
房玉清　　　　　1992《实用汉语语法》，北京语言学院出版社；2001 修订本，北京大学出版社
侯学超　　　　　1998《现代汉语虚词词典》，北京大学出版社
景士俊　　　　　1980《现代汉语虚词》，内蒙古人民出版社
李大忠　　　　　1996《外国人学汉语语法偏误分析》，北京语言文化大学出版社
李晓琪等　　　　1997《汉语常用词用法词典》，北京大学出版社
　　　　　　　　2003《现代汉语虚词手册》，北京大学出版社
刘月华等　　　　1983《实用现代汉语语法》，外语教学与研究出版社；2001 修订本，商务印书馆
卢福波　　　　　1996《对外汉语教学实用语法》，北京语言学院出版社
陆俭明、马真　　1985《现代汉语虚词散论》，北京大学出版社
吕必松　　　　　1990《对外汉语教学发展概要》，北京语言学院出版社
吕叔湘等　　　　1996《现代汉语八百词》，商务印书馆
吕文华　　　　　1994《对外汉语教学语法探索》，语文出版社
王还等　　　　　1992《汉英虚词词典》，华语教学出版社
张谊生　　　　　2000《现代汉语虚词》，华东师范大学出版社
赵金铭等　　　　1997《新视角汉语语法研究》，北京语言文化大学出版社
朱德熙　　　　　1980《现代汉语语法研究》，商务印书馆
　　　　　　　　1984《语法讲义》，商务印书馆

论文

崔希亮　　　　　1993《汉语"连"字句的语用分析》，《中国语文》2 期

	1995《"把"字句的若干句法语义问题》,《世界汉语教学》3期
崔永华	1997《不带前提句的"也"字句》,《中国语文》4期
胡明扬	1990《外语教学的几个理论问题》,《语言教学与研究》4期
蒋琪等	1997《"再"与"还"重复义的比较研究》,《中国语文》3期
金立鑫	1996《关于疑问句中的"呢"》,《语言教学与研究》4期
李晓琪	1991《现代汉语复句中关联词的位置》,《语言教学与研究》2期
	1995《中介语与汉语虚词教学》,《世界汉语教学》4期
	1995《介词"给、为、替"》,《第四届国际汉语教学讨论会论文选》,北京语言学院出版社
	1998《论对外汉语虚词教学》,《世界汉语教学》3期
马　真	1991《普通话里的程度副词"很、挺、怪、老"》,《汉语学习》2期
梅立崇	1995《现代汉语的"即使"假言句》,《世界汉语教学》1期
史锡尧	1990《副词"都"语义语用综合考察》,《汉语学习》4期
王弘宇	1995《数量因素对"不是A,就是B"格式意义的制约作用》,《世界汉语教学》2期
王　还	1983《"ALL"与"都"》,《语言教学与研究》4期
吴中伟	1997《论副词"再"的推延义》,《世界汉语教学》3期
徐晶凝	1998《语气助词的语气义及其教学探讨》,《世界汉语教学》2期
杨淑璋	1985《副词"还"和"再"的区别》,《语言教学与研究》1期
赵金铭	1996《对外汉语语法教学的三个阶段及其教学主旨》,《世界汉语教学》4期
赵永新	1996《汉外对比研究与对外汉语教学》,《中国对外汉语教学学会成立十周年纪念论文选》
周　刚	1999《表限定的"光""仅""只"》,《汉语学习》1期
周换琴	1996《"不但……而且……"的语用分析》,《语言教学与研究》1期
周小兵	1991《表示限定的"只"和"就"》,《第三届国际汉语教学讨论会论文选》,北京语言学院出版社
郑懿德等	1994《"除了……以外"用法研究》,《中国语文》1期

后　记

这本讲义是我在北大为留学生开设虚词课的一个总结。在近二十年的教学实践中，除了注意不断学习和借鉴已有的虚词研究成果外，我自己也对教学中遇到的问题展开研究，同时还特别注意探索符合第二语言学习理论的教学方法，逐渐积累了一些教授留学生学习虚词的经验，也有了一些自己的体会，这本讲义就是在此基础上形成的。

在完成《现代汉语虚词讲义》之际，我要特别感谢二十年前，鼓励和支持我从事对外汉语教学的朱德熙先生。当时，北大为了发展留学生教育，决定成立汉语中心，同时还决定从中文系调一些教师过去，我是其中最年轻的一个。记得离开中文系前，朱德熙先生对我说，教留学生学汉语是很有趣的事，很多问题都值得研究，并让我好好干。朱先生还特别嘱咐我过去后要脚踏实地，一步一个脚印地往前走。朱先生的教导我一直铭记在心，在近二十年的留学生教学工作中默默地按照朱先生的教导去做、去实践。

我还要感谢北大的前副教务长，当时汉语中心的党支部书记向景洁先生，是他直接点拨和支持我克服困难开设虚词课程。没有他的鼓励，我还没有勇气那么早迈出这一步。我还要感谢汉语中心的首届主任林焘教授及后任的历届领导，是他们的认可和安排，保证了虚词课程年年开，并且在1997年推荐这门课程上报北大，并经过评选获得"北京大学1993—1997学度教学优秀奖"。这个奖励，激励我下决心，不但要把这门课上好，而且要编写出一本《现代汉语虚词讲义》来。

之后，我开始为对外汉语教学方向的硕士研究生开设对外汉语语法教学研究课程，和研究生们一起讨论问题、研究问题，是一件十分有益的工作。这帮助我不断地加深对留学生虚词教学的理解和认识，不断地去探索新的虚词研究课题。特别是2001级的同学们，他们在学习课程的同时，还为《现代汉语虚词讲义》提出了勘误意见，对此，我表示深深的感谢。

现在，《现代汉语虚词讲义》要出版了，我心中一方面充满了喜悦，但同时也一直忐忑不安。因为编写一本留学生喜欢的、体现汉语虚词特点的、又符合第二语言学习理论的成功虚词教材实在不是一件容易的事。从总体设计到具体编排,从虚词的引入到辨析讲授,再从归纳总结到各种不同形式的练习,这一环环都是一门门学问。虽然,作为编者,我尽了自己的努力,但是《现代汉语虚词讲义》中值得进一步探讨和提高之处还有很多。我衷心地希望得到广大同行和使用者的帮助。

作　者
2004 年 10 月于蓝旗营

北京大学出版社最新图书推荐（阴影为近年新书）

汉语教材		
博雅汉语—初级起步篇（I）（附赠3CD）	07529-4	65.00
博雅汉语—高级飞翔篇（I）	07532-4	55.00
新概念汉语（初级本I）（英文注释本）	06449-7	37.00
新概念汉语（初级本II）（英文注释本）	06532-9	35.00
新概念汉语复练课本（初级本I、II）（初级本I）（英文注释本）（附赠2CD）	07539-1	40.00
新概念汉语（初级本I）（日韩文注释本）	07533-2	37.00
新概念汉语（初级本II）（日韩文注释本）	06534-0	35.00
新概念汉语（初级本I）（德文注释本）	07535-9	37.00
新概念汉语（初级本II）（德文注释本）	06536-7	35.00
汉语易读（1）（附练习手册）（日文注释本）	07412-3	45.00
汉语易读（1）教师手册	07413-1	12.00
说字解词（初级汉语教材）	05637-0	70.00
初级汉语阅读教程（1）	06531-0	35.00
初级汉语阅读教程（2）	05692-3	36.00
中级汉语阅读教程（1）	04013-X	40.00
中级汉语阅读教程（2）	04014-8	40.00
汉语新视野—标语标牌阅读	07566-9	36.00
基础实用商务汉语（修订版）	04678-2	45.00
公司汉语	05734-2	35.00
国际商务汉语教程	04661-8	33.00
短期汉语教材		
速成汉语（1）（2）（3）（修订版）	06890-5/06891-3/06892-1	14.00/16.00/17.00
魔力汉语（上）（下）（英日韩文注释本）	05993-0/05994-9	33.00/33.00
汉语快易通—初级口语听力（英日韩文注释本）	05691-5	36.00
汉语快易通—中级口语听力（英日韩文注释本）	06001-7	36.00
快乐学汉语（韩文注释本）	05104-2	22.00
快乐学汉语（英日文注释本）	05400-9	23.00
口语听力教材		
汉语发音与纠音	01260-8	10.00
初级汉语口语（1）（2）（提高篇）	06628-7/06629-5/06630-9	60.00/70.00/60.00
中级汉语口语（1）（2）（提高篇）	06631-7/06632-5/06633-3	42.00/39.00/36.00

书名	书号	价格
准高级汉语口语（上）	07698-3	42.00
高级汉语口语（1）（2）（提高篇）	06634-1/06635-X/06646-5	32.00/32.00/32.00
汉语初级听力教程（上）（下）	04253-1/04664-2	32.00/45.00
汉语中级听力教程（上）（下）	02128-3/02287-5	28.00/38.00
汉语高级听力教程	04092-x	30.00
汉语中级听力（上）（修订版）（附赠7CD）	07697-5	70.00
新汉语中级听力（上册）	06527-2	54.00
外国人实用生活汉语（上）（下）	05995-7/05996-5	43.00/45.00
实用汉语系列		
易捷汉语—实用会话（配4VCD）（英文注释本）	06636-8	书28.00/书+4VCD120.00
文化、报刊教材及读物		
中国概况（修订版）	02479-7	30.00
中国传统文化与现代生活-留学生中级文化读本（I）	06002-5	38.00
中国传统文化与现代生活-留学生高级文化读本	04450-X	34.00
文化中国—中国文化阅读教程1	05810-1	38.00
解读中国—中国文化阅读教程2	05811-X	42.00
报纸上的中国—中文报刊阅读教程（上）	06893-X	50.00
报纸上的天下—中文报刊阅读教程（下）	06894-8	50.00
写作、语法及预科汉语教材		
应用汉语读写教程	05562-5	25.00
留学生汉语写作进阶	06447-0	31.00
实用汉语语法（修订本）附习题解答	05096-8	75.00
简明汉语语法学习手册	05749-0	22.00
预科专业汉语教程（综合简本）	07586-3	55.00
HSK应试辅导书教材及习题		
HSK汉语水平考试模拟习题集（初、中等）	04518-2	40.00
HSK汉语水平考试模拟习题集（高等）	04666-9	50.00
HSK汉语水平考试词汇自测手册	05072-0	45.00
HSK汉语水平考试（初、中等）全真模拟活页题集（模拟完整题）	05080-1	37.00
HSK汉语水平考试（初、中等）全真模拟活页题集（听力理解）	05310-X	34.00
HSK汉语水平考试（初、中等）全真模拟活页题集（语法 综合填空 阅读理解）	05311-8	50.00